海西求是文库

异质性视角下
农户公共产品需求研究
——以福建为例

刘小锋/著

R ESEARCH on DEMAND of FARMERS'
RURAL GOODS from PERSPECTIVE of
PREFERENCE HETEROGENEITY
—The Case Study of Fujian

社会科学文献出版社
SOCIAL SCIENCES ACADEMIC PRESS (CHINA)

总　序

　　党校和行政学院是一个可以接地气、望星空的舞台。在这个舞台上的学人，坚守和弘扬理论联系实际的求是学风。他们既要敏锐地感知脚下这块土地发出的回响和社会跳动的脉搏，又要懂得用理论的望远镜高瞻远瞩、运筹帷幄。他们潜心钻研理论，但书斋里装的是丰富鲜活的社会现实；他们着眼于实际，但言说中彰显的是理论逻辑的魅力；他们既"力求让思想成为现实"，又"力求让现实趋向思想"。

　　求是，既是学风、文风，也包含着责任和使命。他们追求理论与现实的联系，不是用理论为现实作注，而是为了丰富观察现实的角度、加深理解现实的深度、提升把握现实的高度，最终让解释世界的理论转变为推动现实进步的物质力量，以理论的方式参与历史的创造。

　　中共福建省委党校、福建行政学院地处台湾海峡西岸。这里的学人的学术追求和理论探索除了延续着秉承多年的求是学风，还寄托着一份更深的海峡情怀。多年来，他们殚精竭虑所取得的学术业绩，既体现了马克思主义及其中国化成果实事求是、与时俱进的理论品格，又体现了海峡西岸这一地域特色和独特视角。为了鼓励中共福建省委党校、福建行政学院的广大学人继续传承和弘扬求是学风，扶持精品力作，经校委研究，决定编辑出版《海西求是文库》，以泽被科研先进，沾溉学术翘楚。

　　秉持"求是"精神，本文库坚持以学术为衡准，以创新为灵魂，要求入选著作能够发现新问题、运用新方法、使用新资料、提出新观点、进行新描述、形成新对策、构建新理论，并体现党校、行政学院学人坚持和发展中国特色社会主义的学术使命。

　　中国特色社会主义既无现成的书本作指导，也无现成的模式可遵循。

思想与实际结合，实践与理论互动，是继续开创中国特色社会主义新局面的必然选择。党校和行政学院是实践经验与理论规律的交换站、转换器。希望本文库的设立，能展示出中共福建省委党校和福建行政学院广大学人弘扬求是精神所取得的理论创新成果、决策咨询成果、课堂教学成果，以期成为党委政府的智库，又成为学术文化的武库。

马克思说："理论在一个国家实现的程度，总是取决于理论满足这个国家的需要的程度。"中共福建省委党校和福建行政学院的广大学人应树立"为天地立心、为生民立命、为往圣继绝学，为万世开太平"的人生境界和崇高使命，以学术为志业，以创新为己任，直面当代中国社会发展进步中所遇到的前所未有的现实问题、理论难题，直面福建实现科学发展跨越发展的种种现实课题，让现实因理论的指引而变得更美丽，让理论因观照现实而变得更美好，让生命因学术的魅力而变得更精彩。

中共福建省委党校 福建行政学院

《海西求是文库》编委会

摘　要

　　农村公共产品的有效供给，对一国农业生产和农民生活水平提高有着显著促进作用。综观我国农村公共产品供给的发展，在历经曲折之后取得了令人瞩目的成就，但仍存在供给不足、供给结构不合理、供给效率不高等问题。农民是农村公共产品最直接的使用者和受益者，在党和国家接连出台一系列支农、惠农政策，不断加大农业、农村发展投入力度的大背景下，究竟应该为农民"提供哪些公共产品""提供多少公共产品""先提供什么公共产品、后提供什么公共产品"，这是当前摆在全国各级政府特别是基层政府面前的重大现实问题。而这些问题能否解决以及如何有效解决，不仅取决于未来农村公共产品供给的数量与质量，更取决于农村公共产品的主要供给者——政府对农民需求偏好的把握与满足程度。农村公共产品的供给与需求是同时存在的一对关系，仅从供给的视角探究农村公共产品的有效供给有其局限性，亟须引入农村公共产品的需求分析。基于此，本书尝试从需求端着手，深入分析农户对农村公共产品的需求问题。

　　个体农户对农村公共产品的需求偏好属私人信息，且其需求偏好还存在异质性特征。相对于私人产品而言，农村公共产品无法通过市场价格来反映农户的需求信息，因而也就无法对供给形成激励或约束，若缺乏加总农户需求偏好的表达方式，难以有效实现对个体农户农村公共产品异质性偏好的满足。这在理论上引出的问题是：如何厘清信息非对称条件下农村公共产品供给与需求关系？在偏好异质性条件下如何识别农户对公共产品的需求及需求强度，其影响因素是什么？农村公共产品需求演进路径及层次如何？农户对公共产品的需求又是通过何种制度影响供给并加以表达的？本书的主要任务就是借鉴国内外相关研究成果，运用效用理论、公共产品理论、态度－行为理论、信息非对称理论和需要层次理论等，对上述问题进行一一解答，旨在进一步增进对农户农村公共产品异质性需求的理解，并为政府有的放矢地供给农村公共产品提供参考和依据。

遵循上述问题，笔者首先探讨了信息非对称条件下农村公共产品供给与需求关系，建立了农村公共产品供需关系均衡模型，从农户、政府、社区变迁与农村公共产品供给制度等方面入手，分析了影响农村公共产品供需关系均衡的因素；其次，选择农村生活污水处理设施这一具有代表性的公共产品，对福建省32个行政村305户农户进行了深入调研，并用多边界单向递增封闭式二分选择问题格式识别了农户对该公共产品的需求及需求强度，综合运用因子分析方法、多元线性回归方法、二项分类与有序多分类Logistic回归模型，揭示了影响农户异质性需求及需求强度的因素；最后，基于我国农村居民生活消费历史统计数据与福建省农户调查数据的分析与启示，辅之以VAR方法以及层次聚类分析方法，深入地剖析了农村公共产品需求演化路径及层次。主要研究结果如下。

（1）农村公共产品的供给方（政府）和需求方（农户）之间存在需求信息非对称。在信息非对称条件下，农村公共产品的供需关系均衡取决于两个条件：农户从公共产品消费中获取的效用与为此承担的生产成本之间的比较、政府预期农户从公共产品消费中获得的均匀期望效用与为农户提供公共产品能够获得的成本补偿之间的比较。前者主要由政府所期望获得的成本补偿率决定，后者主要由农户基于成本－效用考量的最优反应行动决定。受诸种因素影响，农户和政府行为双方博弈的结果经常会导致供需关系失衡。

（2）多边界单向递增封闭式二分选择问题格式是获取农户支付意愿数值范围，从而识别农户需求与需求强度的有效途径；通过对农户支付意愿数值范围统计分析，发现多数农户对该公共产品存在需求、个体农户需求强度存在较大差异；进一步地，对影响农户需求及需求强度因素的模型分析结果表明，农户需求与需求强度要受农户的个人和家庭特征（如家庭收入、受教育年限）、农户所属村庄特征（如是否为环境敏感村、是否地处城镇郊区）、制度（如是否制定环境卫生管理制度）以及农户态度等关键因素的影响，但上述这些因素对农户需求与需求强度的影响程度并非完全一致。本书的这一研究结果说明了农户对公共产品的需求行为是一个复杂的经济行为过程，它不仅要受外在因素与环境因素的影响，还要受农户自身心理因素的影响。

（3）农户群体对公共产品需求演化路径表现为：对农田水利等基础性公共产品需求出现一定程度下降，对交通通信、医疗保健、农业科技等公共产品需求呈现快速增长趋势，对文教娱乐等公共产品需求开始显性化。同时，受农业内外部因素的影响，农户群体对公共产品的需求容易出现反复或徘徊；不同农户个体对公共产品需求演化层次表现为沿着追求维持基本生存→促进自身发展→实现自我完善的公共产品这一次序转化，具有明显的层级性；多数农户对维持基本生存的公共产品仍有着较高需求，对促进自身发展的公共产品的需求增长较为明显，部分农户对实现自我完善的公共产品有着显性需求。

从上述研究结果出发，笔者提出应构建一个以农户需求为导向的农村公共产品供给制度，并指出了这一制度创新的方向是：建立有效衔接供求的农村公共产品供给决策机制；完善农村公共产品的资金筹集制度，实现农村公共产品供给主体多元化；建立动态、灵活的农村公共产品公共财政资金分配制度；改革和完善农村公共产品投入机制和财政转移支付制度。

本书的主题是，基于农户的视角，在农村公共产品需求框架内运用相关理论、方法对前述四个问题进行解答，以期增进人们对如何实现农村公共产品供求协调发展的理解。立足农户视角系统研究我国农村公共产品需求，是一个新的研究领域，尚有很大的空间可供拓展，这依赖于学者们的不懈探索。

目 录
Contents

第一章

绪　论

农业丰则基础强，农民富则国家盛，农村稳则社会安。那么，如何实现农业丰产、农民富裕、农村稳定？这离不开农村公共产品的强力支持。长期以来，由于受计划经济下形成的公共支出配置模式影响，我国农村公共产品的供给存在供给结构不合理、供给效率不高等问题。目前，党中央和国务院正在努力构建城乡经济社会发展一体化新格局，为此不断加大了对农业、农村发展的投入力度。在此背景下，如何为农业、农民和农村提供基本而有效的公共产品就成为国内学术界关注的焦点问题之一。从现有研究来看，国内学者侧重于围绕农村公共产品供给角度展开系统研究，针对需求角度的研究则相对较少。笔者认为，在农村公共产品领域，如果忽视需求对供给的约束，农村公共产品的供给很难做到有的放矢。

基于此，本书拟从需求的角度来考察我国农村公共产品发展现状、探究需求信息非对称条件下农村公共产品供给与需求关系、识别农村公共产品需求与需求强度并确认其影响因素、剖析农村公共产品需求演化路径及层次等，在此基础上，进一步提出了构建以农户需求为导向的农村公共产品供给制度创新的方向。本章的主要任务是阐述本书所要研究的问题、意义、方法以及本书的可能创新点与不足之处等。

第一节　问题提出

在本节，首先考察我国农村公共产品供给中所经历（或可观察到）的一些经验事实，并在此基础上勾勒出本书要研究的问题。

一 我国农村公共产品供给中的经验事实

经验事实 1：农业增长与农村公共产品供给密切相关。

农业是一个自然风险与市场风险相交织的产业，农产品市场是一个典型的蛛网市场，农业部门的这两个特殊性决定了农业生产对公共产品具有强烈的依赖性，经济增长理论和各国农业发展的实践也都证明了这一点。

按照经济增长理论，现代农业增长的源泉主要来自两个方面：一是生产要素投入的增加；二是教育、技术进步与基础设施改善。实证研究表明，公共产品投资能够提高生产效率，进而促进经济的增长。例如，道路等基础设施的建设对促进农业增长有显著的影响（Antle，1983），科技投资也对生产具有显著的积极影响。在农业中，生产科技、教育投资与农村基础设施建设，主要依靠政府公共投资来完成。

综观世界各国农业发展的实践，完善的农村公共产品供给对发达国家的农业发展已起到了明显的支持作用。美国、英国等发达国家的普遍经验是，工业化达到一定水平后，国家财政就开始向农村投资，进行大规模农村基础设施（如农村道路、水利、电力、通信、电视、环境等）的建设，这些公共设施极大地改善了农民的生产与生活条件。在当代社会，科技、教育日益成为现代农业增长的源泉。发达国家均不遗余力地加强对农业科技研发的投入，美国联邦政府对农业研究、教育和推广的投入占农业部总预算的 2% ~ 5%，而世界平均水平仅为 1%。在中国这样一个农民收入不高、农业私人投资有限的发展中国家，农村公共产品供给对促进农业增长就更有着特别重要的意义，它不仅构成了农业投入、农民增收的主要来源，还能有效地解决我国农民生产分散化的问题并具有规模经济优势。

经验事实 2："二元经济"下农村公共产品供给中的"历史欠账"有待弥补。

20 世纪 50 年代以来，我国在公共产品供给方面一直实行城乡分割的"双轨制"。在传统计划经济时代（主要是指 1950 ~ 1977 年），国家为了迅速摆脱经济落后的局面，采取了优先发展工业、城市的战略措施，城市偏向政策首先表现在公共投资政策上。如图1-1所示，在这个时期农业为我国经济社会发展做了很大贡献，但政府公共投资和利益分配很少惠及农村地区。这种城市偏向政策导致了城市经济得到快速发展，公共设施日益完善，而农村则日益被边缘化。农村公共产品的供给主要不是依靠公共财政，而是依靠农民自己，从而造成了城市和乡村在公共设施、社会保障、教育、医疗、环境等方面的差距日益显著化，城乡居民的基本权利和发展机会不平等。

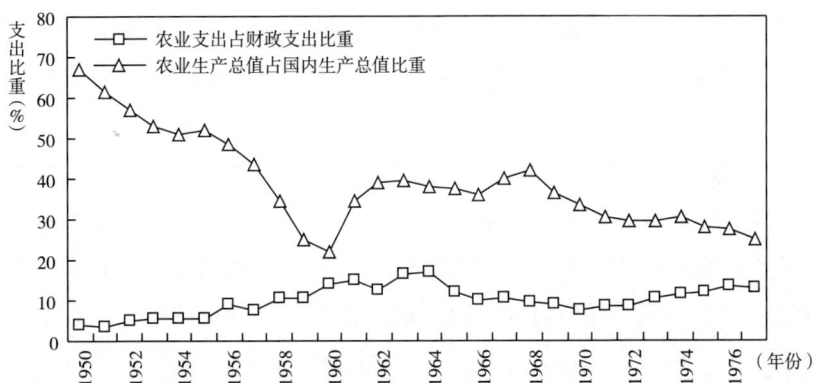

图1-1　1950～1977年农业支出占财政支出与农业生产总值占国内生产总值比重变化

鉴于城乡之间基础设施投入的不均衡，中央和地方政府开始加大农村各项社会事业和农村基础设施建设的投入，自2004年至今的连续13年里，每年的中央一号文件均把加强农业和农村基础设施建设作为推进农村改革发展的重要举措。但终因"历史欠账"太多，再加上重城轻乡的体制还未从根本上改变，实际上，城乡在社会事业、基础设施建设方面的差距还在扩大。例如，近10年来，中国的城市公共设施建设突飞猛进，成绩斐然，但是，这些年的农村，尤其是中西部的农村，却变化不大，多数农村基础设施建设仍是缺乏，生态卫生环境差，社会保障依然落后，"小病自己买点药吃、有病硬挺着"仍是多数农民生活的真实写照。

总之，由于长期"二元经济"格局下农村公共基础设施建设的低起点和城乡不同的公共政策，公共产品在农村和城市的差距仍然十分鲜明，农村在公共产品的供给方面还存在较大的缺口，如何有效地弥补这一缺口是当前亟待解决的问题。

经验事实3：农村公共产品供给中的政策投入效果有待进一步提升。

在世界各国经济发展过程中，多数国家和地区对农村公共事业的发展均采取了强有力的政策措施予以支持。我国统筹城乡经济社会发展战略及建设社会主义新农村目标的提出，在很大程度上也是针对农村公共产品供给不足。2004年以来中央颁布的多个一号文件为统筹城乡发展、促进城乡公共服务均等化政策的推进奠定了基础。在构建城乡经济社会发展一体化格局的框架内，中央和政府反复强调"工业反哺农业、城市支持农村"，提出了"多予、少取、放活"的方针，并出台了免除农业税费、给种粮农民直接补贴、大幅度增加对农村基础设施建设的投入、建立新型农村合作医疗体系、免除农村中小学生的学杂费，以及在全国范围实行农村低保等一系列支农惠农政策。可以说，上述这些政策措施的制定为农村公共事业的发展奠定了基础，我们对此的理性预期是农村各项社会事业可以得到稳步推进。

与预期不符的是，尽管有了这些惠农支农政策措施的驱动，我们从农村中看到的事实却是：相当部分农村地区的面貌并没有发生多大变化，城乡公共产品的供给差距仍在扩大。由此引发的一个值得我们深思的问题是：如何更好地发挥中央和国务院颁布的各项"反哺"农业政策在农村公共产品供给中的导向性作用，确保各项政策落到实处？

经验事实4：农村公共产品供给中的财政支农资金投入效率有待进一步提高。

公共财政的本质是民生财政，而财政支农惠农政策正是民生财政功能在新农村建设中的具体要求。从发达国家的经验来看，巨额的财政投入对其农业生产已起到了明显的支持作用。随着国家对"三农"问题的日益重视，财政支农惠农政策不断趋于完善，财政资金在农业方面的投入也逐年增加，2003~2014年，中央财政累计安排"三农"支出超9万亿元，年均增长达23%以上；2014年，中央财政安排用于"三农"的支出达14173亿元，比上年增长27%。如果加上地方财政对"三农"的支出，从 2012 年开始，全国财政对"三农"的投入已连续 3 年超 3 万亿元。如果说，增加财政支农支出的积极财政政策是确保农业增长、农民增收的重要手段，那么，这一手段的实施必须是建立在财政支农资金得到高效运用的基础上。

近年来，国内学者如李焕章、钱忠好（2004），刘伦武（2006），王敏、潘勇辉（2007），刘涵（2008），何军、胡亮（2010），方鸿（2011），钟德仁、梁俊凤、王茜等（2012），刘家养、黄念兵（2015）运用定性或定量研究方法，对我国财政支农资金投入效率高低问题进行了探讨，但他们的研究结论①存在较大分歧。学者们的这些争议从一个侧面反映了目前我国财政支农支出结构尚有进一步优化的空间。因此，如何利用积极的财政政策空间，调整财政支农的方向和重点，提高农村公共产品供给水平和供给效率，就成为当前亟待研究的课题。

经验事实 5：农村公共产品供给中面临的供求矛盾有待化解。

20 世纪 70 年代以来，美、日、欧等发达国家和地区相继实现了人均 GDP 3000 到 5000 到 10000 美元的跨越。其中，人均 GDP 达 3000 美元是个重要的关卡，突破 3000 美元，整个社会公共产品需求将出现全新的变化，位于 3000~5000 美元区间，整个社会表现为城市化与工业化在加速，公共产品需求类型发生全新的变化；到 5000 美元之后，橄榄型社会开始形成，整个社会公共产品需求日益多元化。例如，人均 GDP 到 4000 美元的时候，教育会成为居民公共产品需求的重点；而人均 GDP 到 5000 美元的时候，医疗卫生成为需求增长点。

经过 30 多年的改革开放，我国正由温饱型社会向发展型社会转变，人均 GDP 已突破 7000 美元，正处在经济转轨和社会转型的重要时期。在这一经济社会转型的重要时期，我国城乡社会面临的一个日益突出的矛盾是公共产品需求的全面快速增长、公共产品需求的多元化趋势与公共产品供给不到位、基本公共产品供给短缺的突出矛盾，而这一矛盾在农村社会表现得尤为明显。

（1）农田基本水利建设、防洪防涝设施建设、大型水库与各种灌溉工程以及良种培育等是农业生产的基础和条件，这些公共产品的供给不足直

---

① 具体分析详见第三章"效率分析"部分。

接影响着农产品产量和质量，从而进一步影响到农民的收入。

（2）农村教育和农业科研及其成果推广的供给不足制约了农民增收的规模、途径和方式。

（3）农民由于交通不便、信息闭塞，常常因缺乏市场供求信息而盲目生产，从而导致"谷贱伤农"现象的发生。

（4）农村公共医疗卫生和社会保障成为农村社会重要的公共需求，其供给不足会影响到农民的生存发展并对农村经济发展和社会稳定造成一定的阻碍。

随着上述种种矛盾的日益显化，中国农村经济社会发展、农民增收的瓶颈约束也日益凸显。可见，如何化解农村公共产品供求矛盾也是当前亟待解决的任务。

二 提出问题

由前文中的经验事实可知，农村公共产品的供给对于中国农村的生产投资、农民生活水平提高乃至整个国民经济的持续发展都有着至关重要的战略意义，但长期以来我国的中央政府和各级地方政府对此都未给予应有的重视。受城乡分割的二元经济社会结构影响，农业和农村始终处于公共产品供给体系的边缘，农村和农民无法享受到与城市及其居民平等的待遇，社会资源和公共财政在基础设施建设、教育、医疗卫生等方面向农村的供给远低于城市。随着经济社会发展，党和政府不断加大了对农业、农村和农民的支持力度，与此同时，农民对公共产品的需求也在不断发展。当农民的需求不能得到有效满足时，农村公共产品供求矛盾就随之产生并日益显化。因此，如何有效缩小城乡之间在公共产品方面的差距，如何进一步提升国家"反哺"农业政策的实施效果以及财政支农支出的投入效率，如何有效解决农村公共产品供求矛盾，就成为目前摆在全国各级政府特别是基层政府①面前很现实的问题。而这些问题能否及如何有效解决，不仅取决于未来农村公共产品供给的数量与质量，更重要的是取决于那些公共产品的供给者——政府对当地农民真正迫切需求的了解、把握与满足

---

① 本书的农村基层政府是指县（县级市）、乡（镇）政府。

程度。

如上所述，了解现实生活中农民对公共产品的需求，对解决农村公共产品供给问题有着重要意义。但相对于私人产品而言，公共产品无法通过市场价格来反映消费者的需求信息，从而也就无法对供给者形成激励和约束。自1954年萨缪尔森发表了"偏好表露问题难以实现"的评论之后，受此影响，很多研究者都认为，公共产品的供给主体要想准确地了解每个人的需求很困难。农村公共产品作为一种特殊的公共产品，对其需求进行研究，同样也面临着需求显示的难题，究其原因是多层面的。

首先，农户具有隐藏自身真实需求的倾向。在信息非对称条件下，基于公共产品特性，作为"经济人"的农户会有夸大或低水平显示，甚至是隐瞒自身需求的动机；其次，处于不同时空下的农户对公共产品的需求偏好具有差异性与动态性，如何把握其对公共产品的异质化、动态化需求也是一个难题；最后，在目前的农村公共产品供给体制下，农户缺乏能够表达自身需求的机制或渠道。作为公共产品的主要供给者——农村基层政府，虽然在了解农民对公共产品的需求偏好上具有优势，但作为"经济人"的基层政府追求的是经济利益和政治利益的双重目标，受此驱使，它们有可能更偏好于供给那些能够使自身效用最大化的公共产品。

上述原因的存在，说明了农村公共产品需求的研究是一个涉及理论及方法创新的问题，而这些理论和方法问题的解决将直接影响到我们对农村公共产品需求的真实、准确了解。本书拟在充分总结、借鉴和吸收已有研究成果的基础上，试图围绕以下四个与农村公共产品需求密切相关的问题展开研究：

（1）如何厘清信息非对称条件下农村公共产品供给与需求关系？

（2）如何识别农户对公共产品的需求与需求强度，其影响因素是什么？

（3）农村公共产品需求演化路径及层次是怎样的？

（4）农户对公共产品的需求是通过何种制度影响供给并加以表达的？

第二节　研究意义

长期以来，农村公共产品的需求与供给之间经常是相背离的，这在一定程度上导致了农村公共产品供求矛盾的形成和深化。在此情形下，探讨我国农村公共产品需求问题，显然有着重大的现实和理论意义。

第一，基于农户视角研究我国农村公共产品需求问题，能够进一步丰富国内学术界对于农村公共产品研究的内容。近几年来，国内学术界围绕农村公共产品供给角度进行了大量研究，形成了丰富的研究成果。但是，考虑到我国农村各地区经济发展非均衡性以及农户对公共产品需求的异质性特点，从经济学角度来看，不考虑公共产品需求是不完整的。因为如果没有了需求的约束，农村公共产品的有效供给将无从谈起。基于此，笔者试图从农户这一需求主体出发，将效用理论、公共产品理论、态度－行为理论、信息非对称理论和需要层次理论等综合运用于公共产品需求分析之中，拟对信息非对称条件下农村公共产品需求与供给关系，农村公共产品需求、需求强度的识别及其影响因素，农村公共产品需求演化路径及层次，构建农户需求为导向的农村公共产品供给机制等问题进行一一解答，以期丰富现有的农村公共产品理论，进一步增进对农村公共产品需求的理解。

第二，基于农户视角研究我国农村公共产品需求问题，在实践上能够为包括政府在内的各级供给主体有效供给农村公共产品提供参考和依据。随着我国农村经济增长，城乡公共产品供给差距扩大、农村公共产品供求矛盾问题日益突出并引起广泛关注，党中央和政府对此高度重视，并采取了积极的财政支农政策。但是，受经济发展水平与资源有限的制约，一味依靠增加资金投入来解决农村公共产品供给问题并不现实，更好的选择应该是提高公共财政（或者说资源）支出效率，使有限的资金（或资源）发挥出更好的效果。在此情形下，引入需求的研究，必然会使农村公共产品供给更有针对性、更具灵活性，从而使得农村公共产品供给更有效率，这对于解决我国农村公共产品供给问题、破除城乡二元结构无疑有着重大的现实意义。

第三节　相关概念界定与前提假设

一　相关概念界定

在本节，首先我们有必要明确以下几个基本概念：公共产品和农村公共产品、农户、农村公共产品需要和需求。其中，农村公共产品是本书的主题，因此必须是十分明确的概念。

1. 公共产品概念

公共产品是和私人产品相对而言的。公共产品的严格定义是萨缪尔森给出的。萨缪尔森（Samuelson）1954 年在《公共支出的纯理论》一文中将公共产品概念描述如下："每个人对这种产品的消费，都不会导致其他人对该产品消费的减少。"

除萨缪尔森的经典定义之外，奥尔森与布坎南对公共产品的理解也颇具代表性。奥尔森（Olson，1995）把公共产品定义为："任何物品，如果一个集团 X_1，…，X_i，…，X_n 中的任何个人 X_i 能够消费它，它就不能不被那一集团中的其他人消费。"换句话说，那些没有购买任何公共或集体物品的人不能被排除在对这种物品的消费之外，而对于非集体物品是能够做到这一点的。布坎南（Buchanan，2007）则认为，"任何集团或社团因为任何原因通过集体组织提供的商品或服务，都将被定义为公共产品"。按照这一定义，凡是由集体组织提供的产品都是公共产品。

从上述定义出发，经济学家把公共产品的基本特征归结为两点：一是消费的非竞争性，即某个人或厂商对该公共产品的消费，不排斥和不妨碍其他人或厂商同时消费，也不会因此而降低其他人或厂商消费该公共产品的数量或质量；二是收益的非排他性，受排他成本或技术原因的限制，很难把某一个人排除在公共产品的受益范围之外。非排他性和非竞争性体现了公共产品的本质属性，严格意义上的公共产品应该同时具备上述两个特征，两者缺一不可。

2. 农村公共产品概念

在界定农村公共产品概念之前，先对我国农村范围有个了解。

（1）农村范围的界定。范剑平、周志祥在《农村发展经济学》中对我国现阶段的农村范围进行了全面的概括：农村首先是一个地域概念，它包括城市以外的一切区域；其次，农村是一个经济概念，农村与自然再生产联系较密切，第一产业比重较大，经济活动较分散；最后，农村是一个社区概念，农村居民的交往范围较窄，重视血缘和地缘关系，民风较淳朴，传统理论的习惯势力大。熊巍（2003）又在此基础上将农村的范围做了重新调整，即仅以乡镇以下的地区作为农村，并将焦点集中于直接进行农业生产的村落。本书在认同上述关于农村内涵表述的基础上，同时结合研究的需要，将农村概念界定为县（或县级市）以下的地区，并以自然村或中心村落为基础的人们所组成的社会生活共同体。

（2）农村公共产品概念。我国学者们对农村公共产品的定义，大多是在萨缪尔森定义的两个基本特征基础上做出的。熊巍（2003）认为农村公共产品是指由各级政府和其他公共组织提供的满足农村居民社会共同需要的、具有非排他性或非竞争性的社会产品。马晓河和方松海（2005）则认为农村公共产品是指在农村地域范畴内具有非排他性、非竞争性的社会产品或服务，这些社会产品或服务会使农村受益，但其中有些社会产品或服务的受益范围又不仅仅局限于农村地区。按照刘卫东和常明杰（2012）的理解，农村公共产品应是这样一类物品，其提供者（有时提供者非生产者）认为自己提供该产品的目的是使多人受益，那么，它就是公共产品（包括准公共产品），反之，则为私人产品。综合考虑上述关于农村以及农村公共产品的内涵，本书中的农村公共产品指的是在农村地域范畴内满足农业和农民需要的、具有程度不等的非竞争性和非排他性的社会产品。它是公共产品的一种特殊形式，是农业生产和农村社会发展的前提条件。农村公共产品包括的内容非常广泛，涉及农业生产、农民生活和农村社会发展的方方面面，主要有农村水利工程和设施、农村环境保护、农业科技成果的推广、病虫害的防治、农业基础科学研究、农业和农村发展规划和信息系统、农村道路、农村电力、农村义务教育、农村公共卫生、农村基本医疗、农村社会保障等。

（3）农村公共产品分类。从不同的角度出发，可以把农村公共产品分为多种类型。例如，按照特征，可以把农村公共产品分为农村纯公共产品和农村准公共产品；按照功能，可以把农村公共产品分为有助于农业生产和农村经济发展的公共产品、有助于农村社会经济可持续发展的公共产品、有助于提高农民福利的公共产品；按照受益范围，又可以把农村公共产品分为全国性农村公共产品和地方性农村公共产品。农村公共产品的具体分类详见图 1 - 2。

3. 农村公共产品需要和需求的概念界定

从经济学的角度看，人类的需要是指人们想要得到任何一种东西的要求。一般认为，一个人在某一层次范围内的需要是靠各种资源来实现的。当其需要得到满足时，另一个较高层次的需要便支配了他的意识功能。同时，多多益善的偏好又是支配人们日常消费行为的重要因素，人们的需要具有随资源的丰富而不断发展的趋势。从长远来看，人类的需要总是无限的，相对于需要的无限性，资源又总是稀缺的。由于稀缺性是任何社会和任何时期都存在的一个基本事实，这就要求人们在产品间做出各种各样的选择，以便使资源得到充分有效的利用，而这些选择即体现了人们对各种产品的需求情况。在这里，我们有必要对需求概念做一个界定：需求是指消费者在一定价格条件下愿意并且能够购买的某种产品或劳务的数量。消费者对产品或劳务的需求由两个基本条件所构成：一是消费者愿意购买；二是消费者有支付能力。如果只有第一个条件，就不是经济学意义上的需求。

如果说需要是指人们想要得到的产品或劳务的要求的话，需求则仅仅是指有支付能力的那部分需要。自家庭承包制实施以来，我国农民生产私人产品的组织形式是以户为单位的，分散的组织形式决定了农户私人产品的生产对农村公共产品具有强依赖性（陶勇，2001）。此外，农业又是兼具自然风险与市场风险的弱势产业，因此，农民需要政府为其提供各种公共产品，但农民对各种（类）公共产品的需要受到社会、经济条件（如国家财政支农支出力度、农村社区的经济发展水平以及农民自身的支付能力等）的制约，无法一一得到满足。现阶段我国农民只能本着效用最大化原则在各种（类）公共产品之间进行消费选择。因此，本书研究的农村公共产品需求是指农户对农村公共产品有支付能力的那部分需要。

农村纯公共产品：在消费过程中具有完全的非竞性与非排他性。如农业基础科学研究、大江大河治理、农村义务教育等

农村准公共产品：介于纯公共产品与私人产品之间，具有不完全的非竞争性与非排他性。包括：①在性质上接近于纯公共产品的，如农村公共卫生、农村基本医疗、农村社会保障等。②农村俱乐部产品，如农村高中、农村职业教育、乡村水利灌溉系统。③在性质上接近于私人产品的农村混合公共产品，如农村电信、有线电视、自来水等

特征

全国性农村公共产品：受益范围分布于全国，如全国性的水土保持、大江大湖治理、大型的水利设施、农村环境保护等

地方性农村公共产品：受益范围仅局限于某一个区域，如农村道路、小面积的水利灌溉等

受益范围

有助于农业生产和农村经济发展的公共产品：农村水利设施、农业科学研究和技术推广、农村道路和电力、病虫害的防治、农业气象、农业发展战略研究、农业发展综合规划与信息系统等

有助于农村社会经济可持续发展的公共产品：如农村环境保护、农村义务教育等

有助于提高农民福利的公共产品：如农村社会经济保障、公共卫生、农村基本医疗、农村文化娱乐、农村自来水等

功能

农村公共产品种类划分

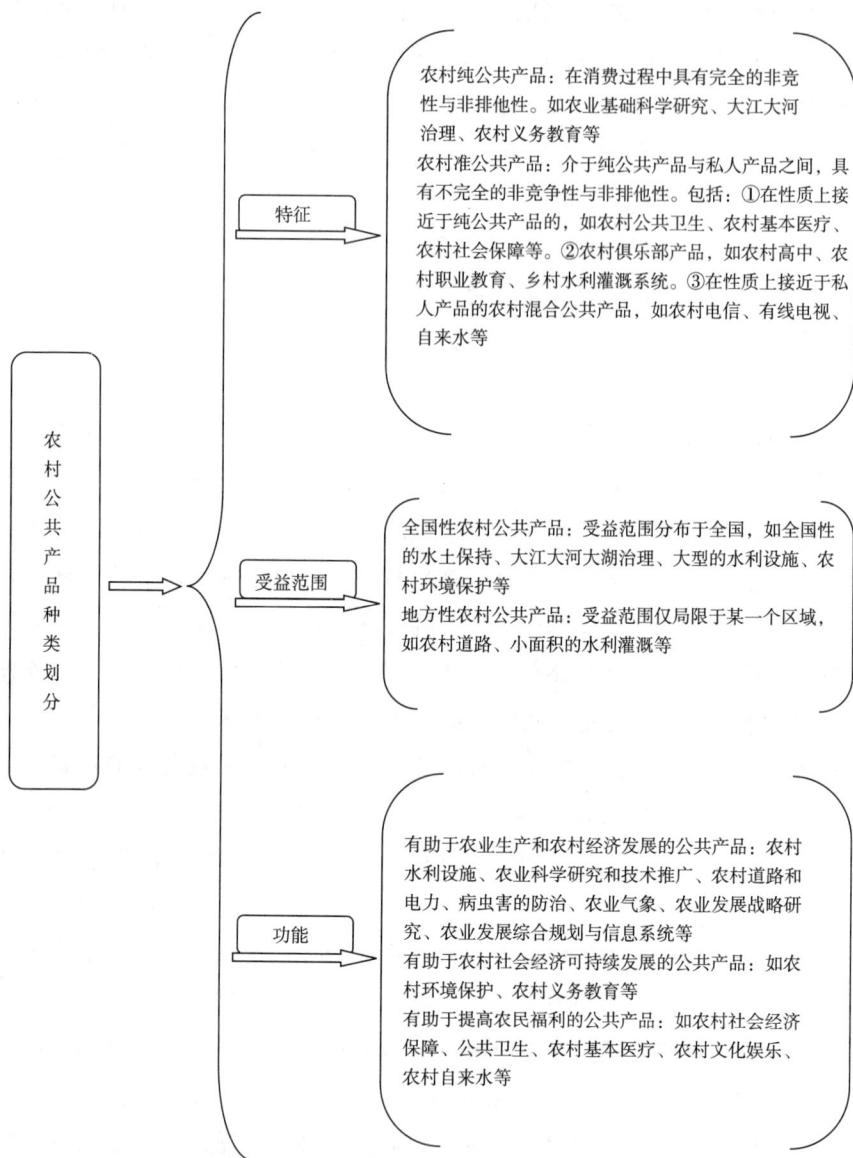

图 1 - 2　农村公共产品分类

资料来源：笔者归纳整理而得。

4. 农户概念界定

随着农村社会经济的发展，我国农户的内涵和外延也在不断丰富和拓展，许多农户不再是主要从事农业生产经营活动的农民家庭，他们在职业、居住区位甚至在政治地位和身份上已经发生了很大变化，这主要表现在以下几个方面：一是从职业来看，农户已经由纯农户向兼业户转变，有的农户甚至已完全不从事农业；二是从居住区位来看，农户由过去完全居住在农村向农村和城镇多元居住结构转变（刘克春，2006）；三是从政治地位和身份来看，农户基本上不享受国家福利待遇，其社会地位相对低下（史清华，2001）。本书中的农户是指家庭成员长期居住在农村、具有农业户籍并且其政治和社会地位相对低下、很少（或几乎没有）享受国家任何福利待遇的家庭。

二 研究的前提假设

1. 农户有限理性的假设

正如思想家维柯所说："人并不能理智地胜任一切。"由于外部世界的复杂多变以及个体在信息获取与加工上的认知限制远不能达到"经济人"假设所设想的完全理性计算的程度，因此，人不是完全理性的，完全理性的"经济人"只能是一种极端的和个别的情况。个体一方面具有努力追求最大化的理性倾向，同时也具有不努力追求最大化的非理性倾向。为此，西蒙专门提出了"有限理性"的概念。他认为，经济行为人的真实决策情景的不确定性、不完备性和复杂性使得全面理性不可能实现，加之信息处理者本身认知能力的局限，这些因素决定了在真实决策过程中行为人以近似代替精确、是有限理性而不是完全理性、"寻求满意"而不是"寻求最优"。经济行为人偏离最大化的反映形式是由人的认识本质所决定的，那种无限放大经济行为人的理性能力的完全理性说，反映了对市场的无知和对相对行为人的误解。农户受自身文化教育程度、收入以及所处环境的制约，在收集、储存和加工处理那些为更准确地达到目标所需的大量信息方面，其能力受到制约，因此，本书假设农户的经济行为符合有限理性的假设。

2. 农户机会主义倾向的假设

本书假定农户具有以威廉姆斯为代表的交易费用经济学家提出的行

为人追求自我利益的机会主义行为倾向。机会主义是指不完全或歪曲的信息揭示，尤其是有目的的误导、歪曲、假装、含糊其词或其他形式的混淆，它导致了真实的或人为的信息不对称性。从有限理性"经济人"假设出发，农户在很大程度上仍是受自我利益驱使的。在追逐自我利益动机的驱使下，农户具有提供虚假的公共产品需求信息的动机，尤其是农户对公共产品支出的数目与其"显示的偏好"有关时，他便有了低报需求的动机。正如萨缪尔森在其经典论文中表述的那样，"正是个人的自我利益使其给出虚假的信号，假装从某种集体消费活动中获得比实际情况更小的利益"（Samuelson，1954）。由于农户自利倾向的机会主义行为的存在，按利益行事的个人不会尽力推进集体利益，此时政府等各级公共产品供给者若按照个人显示的"虚假"偏好提供公共产品，结果便会造成公共资源配置的非帕累托效率。

第四节　研究目标与内容

一　研究目标

迄今为止，国外学者对公共产品需求分析主要集中在个体需求显示（或偏好表露）方面，研究角度比较单一，无法为公共产品需求提供一个系统的理论基础；在国内，有关公共产品需求的研究文献不多，而且大多数研究停留在定性描述上，缺乏定量分析。本书希望在借鉴已有成果和方法的基础上，以农户调查数据及统计年鉴数据为主要资料来源，运用理论分析与实证分析相结合的方法，对中国农村公共产品需求进行较为系统和深入的研究。在理论上，本书试图解答：如何厘清信息非对称条件下农村公共产品供给与需求关系？如何识别农户对公共产品的需求与需求强度，影响此二者的因素是什么？农村公共产品需求演化路径及层次是怎样的？农户对公共产品的需求又是通过何种制度影响供给并加以表达的？在实践上，希望本研究成果能够为政府有效供给农村公共产品提供参考和依据。

二 研究内容

借鉴相关理论、方法以及国内外学者的研究文献，同时结合我国农村公共产品发展历程中的经验事实，笔者重点围绕上述四个问题来展开对农村公共产品需求的研究。

遵循上述研究问题，笔者首先探讨了信息非对称条件下农村公共产品供给与需求关系，建立了农村公共产品供需均衡模型，从农户、政府、社区与农村公共产品供给制度等方面入手分析了影响农村公共产品供需关系均衡的因素；其次，选择了农村生活污水处理设施这一具有代表性的公共产品，基于福建省 32 个行政村 305 户农户调研数据，采用多边界封闭式二分选择法获取了农户对该公共产品的需求及其需求强度，综合运用因子分析方法、线性回归方法、二项分类与有序多分类 Logistic 回归模型，揭示了影响农户需求及需求强度的因素；最后，基于我国农户消费的历史统计数据与福建农户调查数据的分析与启示，辅之以 VAR 方法以及层次聚类分析方法，深入地剖析了农村公共产品需求演化路径及层次，在此基础上提出应构建一个以农民需求为导向的农村公共产品供给制度。具体地，本书的研究内容包括以下七个部分。

第一部分（绪论）主要介绍问题提出、研究意义、研究目标与研究内容、研究的关键问题、方法、技术路线以及本书的可能创新点与不足之处等。

第二部分（第二章）是理论、方法基础及文献综述。本部分首先对与公共产品需求相关的理论基础进行了简要的介绍与述评。然后系统地评述了国内外学者在本研究领域取得的研究成果，并指出现有研究给本书带来的启示。

第三部分（第三章）主要对中国及福建农村公共产品现状进行分析。首先对中国农村公共产品发展历程做出一个简要的回顾；然后基于统计数据系统分析了我国农村公共产品的发展现状及其存在的问题；最后笔者基于实地调查资料，对农户视角下福建省农村公共产品现状进行了调查分析。本部分分析结果表明，中国及福建农村公共产品供给均存在供给脱离需求、供给结构不合理的问题。

第四部分（第四章）主要在信息非对称条件下对农村公共产品供给与需求关系进行研究。本部分首先阐述了农村公共产品领域存在信息非对称问题的缘由及其导致的困境。其次，基于信息非对称条件，构建了一个农村公共产品供需关系均衡模型，并提出了满足这一均衡关系模型的两个条件：农户从公共产品消费中获取的效用与需要为此承担的生产成本之间的比较，这主要由政府期望获得的成本补偿率决定；政府预期农户从公共产品消费中获得的均匀期望效用与为农户提供公共产品能够获得的成本补偿之间的比较，这主要由农户基于成本－效用考量的最优反应行动来决定。再次，从构建的均衡模型出发，探讨了影响农村公共产品供需关系均衡的因素，在此基础上笔者就农村公共产品供求能否实现协调发展提出了两个疑问。

第五部分主要是对农村公共产品的需求、需求强度及其影响因素进行实证分析，包括第五章和第六章。本部分以福建省农村生活污水处理为例，采用单向递增多边界封闭式条件评价方法获取了农户对该公共产品的支付意愿数值范围，根据这一支付意愿数值范围，可识别农户对该公共产品的需求状况。为了更全面地反映农户从该公共产品消费中获得的效用情况，本部分不仅关注了农户对该公共产品是否具有需求，还关注了农户的需求强度，并就此进行了一般性统计分析，在此基础上进一步运用二项分类、有序多分类 Logistic 回归模型对影响农户需求及需求强度的关键因素进行了分析。

第六部分（第七章）主要是对农村公共产品需求演化路径及层次进行研究。对这一问题的研究主要从两个方面入手。第一个方面是基于历史统计数据，对中国农村居民生活消费的统计数据进行分析，从纵向考察了农户生活消费支出变化（1985~2007 年），同时运用向量自回归（VAR）方法对农户生活消费结构（2008~2020 年）进行预测，在此基础上探究了农户对公共产品需求的演化路径。农户对公共产品的需求源于需要，本部分的第二个层面是基于福建省农户调查数据，从新农村建设目标出发，选取了七种类别农村公共产品，调查了农户对这七种类别农村公共产品的需要紧迫程度，运用层次聚类分析方法得出了农户的需要排序情况，并从中推断农户对公共产品需求的演化层次。

第七部分（第八章）主要是在前文的研究基础上提出了构建一个以农户需求为导向的农村公共产品供给制度。笔者首先系统地概括了本书的主要研究结论，在此基础上，提出了构建以农户需求为导向的农村公共产品供给制度主要应从以下四个方面入手：建立有效衔接供求的农村公共产品供给决策机制；完善农村公共产品的资金筹集制度，实现农村公共产品供给主体多元化；建立动态、灵活的农村公共产品财政资金分配制度；改革和完善农村公共产品投入机制和财政转移支付制度。

第五节 研究方法及技术路线

一 研究方法

本书在梳理归纳国内外相关研究成果的基础上，以效用理论、公共产品理论、态度-行为理论、信息非对称理论和需要层次理论等为依据，运用理论与实证分析、定性与定量分析相结合的方法，对农村公共产品需求问题进行了系统分析。本书所使用的具体研究方法如下。

1. 文献阅读方法

文献阅读是进行研究的重要前提和基础，它可为研究提供理论依据与方法借鉴。本书问题的提出以及研究思路都是建立在对大量文献总结、归纳的基础上。关于农村公共产品需求识别，笔者主要是检索和阅读了国外文献，同时结合我国农户的实际情况，在此基础上构建本书的实证模型并完成了问卷设计，为农户数据的获得奠定了基础。

2. 实地调查方法

笔者通过实地调查的方法，对福建省8个地级市11个县32个村305个农户采用直接入户访谈的方式，获得了本书所需的第一手数据资料。实地调查是基于事先设计好的调查问卷，调查内容涉及被调查村基本情况、农户的社会经济情况、农户对生活污水处理的态度、农户支付意愿等方面。关于被调查村基本情况的数据资料获取，为保证数据资料的真实性、可靠性，笔者先与当地村干部访谈，再向当地村民进一步了解情况。关于农户的调查，笔者按照问卷的内容对农户（主要是户主）进行一对一的入户访谈，得到所需的农户数据。同时，由于笔者直接参与了对农户的访谈与问卷调查，掌握了大量有关农户对公共产品（本书以农村生活污水处理设施为例）支付意愿的实际信息，由此获得的数据能够真实地反映农户的需求情况。

3. 理论分析与实证分析

本书综合运用理论与实证相结合的方法对农村公共产品需求进行研究。其中，对信息非对称条件下农村公共产品供给与需求关系的研究，基于效用理论和信息非对称理论，构建了农村公共产品供需关系均衡模型，在此基础上对影响供需关系均衡的因素进行了探讨。对农户公共产品需求与需求强度的识别及其影响因素分析，通过采用多边界封闭式二分选择法获取了农户对该公共产品的需求及其需求强度，综合运用态度 - 行为理论、因子分析方法、线性回归方法、二项分类与有序多分类 Logistic 回归模型，揭示了影响农户需求及需求强度的因素。同时，对农村公共产品需求演化路径及层次的研究，基于我国农户消费的历史统计数据与福建省农户调查数据的分析与启示，辅之以需要层次理论、VAR 方法以及层次聚类分析方法，深入地剖析了农户对公共产品需求演化路径及层次。据此本书在最后提出了应构建一个以农户需求为导向的农村公共产品供给制度。

二 技术路线

根据研究内容，本书的研究将沿着以下几个方面平行展开：①信息非对称条件下农村公共产品供给与需求关系；②农村公共产品需求与需求强度的识别及其影响因素分析；③农村公共产品需求演化路径及层次，在此基础上，本书在最后探讨了农户对公共产品的需求应通过何种制度影响供给并加以表达。基于上述研究思路，本书的技术路线如图 1 - 3 所示：

- 农业增长与农村公共产品发展密切相关
- "历史欠账"有待弥补
- 政策投入效果有待提升
- 财政投入效果有待提升
- 供求矛盾有待化解

经验事实介绍 → 问题的提出

理论方法基础及文献

农户
农村社区
政府
制度
→ 信息非对称下供需关系均衡模型
↓
信息成本高昂

问题1：如何厘清信息非对称条件下农村公共产品供给与需求关系？

Logistic模型
CECVM
农户需求
→ 需求及需求强度的识别
↓
影响因素分析

问题2：如何识别农户对公共产品的需求及需求强度？其影响因素是什么？

理论分析
历史数据：1990~2007年
→ 从农户生活消费状况看需求变迁

需求演化路径

VAR方法
消费预测：2008~2020年
→ 从农户生活消费预测看需求发展

农户数据
层次聚类分析方法
→ 从农户需要排序情况看需求演化层次

问题3：农村公共产品需求演化路径及层次是怎样的？

构建以农户需求为导向的供给制度

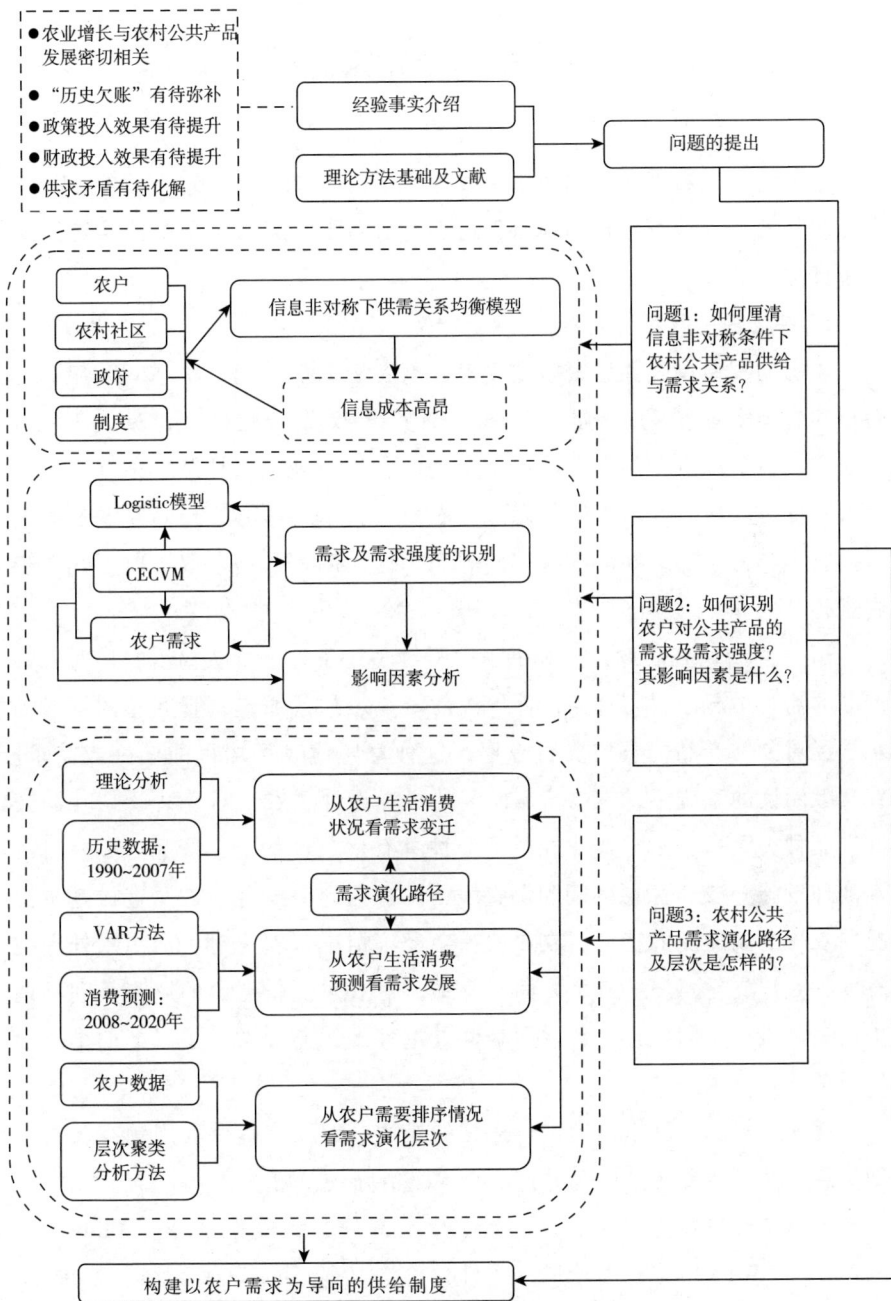

图 1 - 3　研究的技术路线

第六节　数据来源

本书的研究数据除采用对福建省 8 个地区 11 个县（市）16 个乡镇 32 个行政村的实地调查数据的同时，还需要采用历年的《中国统计年鉴》宏观统计数据。

1. 实地调查数据

本书的实地调查数据资料主要来自笔者于 2007 年 12 月 ~ 2008 年 2 月对福建省 8 个地区 11 个县（市）16 个乡镇 32 个行政村（详见表 1 - 1）的农户、村干部进行的问卷访谈。调查内容涉及被调查村基本情况、农户个人特征、农户对环境卫生的态度、农户支付意愿等方面，问卷调查对象包括农户和村干部，共形成有效问卷 305 份。调查数据获取按以下几个步骤进行。

（1）问卷调查表设计。本书采用了封闭式条件评价法揭示农户对公共产品的需求情况。封闭式条件评价法的核心思想是通过调查问卷的形式揭示居民对公共产品的真实支付意愿，这种意愿代表了居民的偏好或需求。在文献阅读的基础上，本书依据研究的目标设计了农户对公共产品（因公共产品种类繁多，本书在此选择了一种具有代表性的公共产品——农村污水处理设施）支付意愿的问卷调查表，调查内容主要包括被调查村基本情况、农户所属村庄的特征、农户的社会经济情况、农户对生活污水处理的态度、农户支付意愿等五个方面，其中，对农户支付意愿的调查是问卷调查的关键所在。因此，笔者在问卷调查过程中，充分考虑了以下四个方面的因素。

第一，对农村环境问题进行详细的描述。向农户提供与问题有关的详细信息，使其对要评估的公共产品有一个清晰的了解。

第二，支付意愿（Willingness to Pay，WTP）或受偿意愿（Willingness to Accept，WTA）方式的选取。条件评价法（Contingent Valuation Method，CVM）以往的研究结果表明，在 WTP 和 WTA 之间存在极大的不对称性，受偿意愿一般要比支付意愿高好几倍。研究者更主张用支付意愿来反映被调查者对环境类公共产品的评价。另外，农村居民自身对生活污水的随意倾倒行为，在一定程度上导致了农村生活环境的恶化。基于上述原因，笔者在问卷设计中运用了 WTP 的询价方式。

第三，支付意愿数值范围的推定。只有合理、准确地界定农户的支付意愿数值范围才能准确获得农户的支付意愿。本书对于支付意愿的数值范围和间隔的设计主要基于在预调查中采用开放式问题格式的调查结果来确定。

第四，问卷理解程度。在调查问卷的最后附上农户对问卷理解程度这一问题，以此来评价调查问卷设计的有效性。

（2）问卷预调查。在设计完问卷之后，笔者对农户进行问卷预调查。问卷预调查是 2007 年 10 月在福建省闽清县白中镇田中村以及莆田市仙游县盖尾乡聚仙村进行的，参加问卷预调查的有 30 个农户。问卷预调查的目的是检验问卷设计的合理性以及推定支付意愿数值范围和间隔。支付意愿数值范围的推定主要通过两个步骤进行：首先是向白中镇农村水利工作站和农村环境保护工作站及其专业技术人员咨询建造农村污水处理设施所需的生产成本，并假定这一生产成本全部由样本村农户负担，初步估算出每户农户为此分摊的费用；其次是在预调查中采用开放式问题格式询问农民的支付意愿。本问卷支付意愿的起始价格与数值范围、变化间隔的推定是在综合考虑上述两种情况之后确定的。在问卷预调查的基础上，笔者对调查问卷进行了进一步修改，从而形成了本书的正式调查问卷。

（3）数据获取。本书的研究数据资料主要来自笔者于 2007 年 12 月～2008 年 2 月对福建省 8 个地区 11 个县（市）16 个乡镇 32 个行政村（详见表 1-1）的农户、村干部进行的问卷访谈。笔者对福州、莆田、泉州、三明 4 个地区 18 个村的 180 个农户进行了问卷调查。样本选取运用了分层抽样和随机抽样相结合的方法，先用分层抽样方法选择了县、乡和村，再用随机抽样方法从每个样本村随机抽取 10 户进行入户访问，调查的 180 个农户的问卷均为有效问卷。同时，笔者还与福建农林大学人文学院郑庆昌教授指导的 6 位研究生利用 2007 年寒假共同进行了问卷调查。他们在厦门、漳州、南平、宁德 4 个地区的 14 个村分别随机抽取了 10 个农户进行调查，共计调查农户 140 户，回收调查问卷 140 份，剔除数据缺失严重和不符合研究要求的农户，形成有效问卷 125 份。此次调查共涉及样本村 32 个，样本农户 320 户，发出调查问卷 320 份，回收有效问卷 305 份，问卷有效率为95.31%。样本农户分布遍及福建省不同经济、自然条件的地区,具有普遍代表性,具体分布情况见表1-1。

表1-1 农户调查涉及的地区位置、名称和数量

地区	福州	厦门	泉州	莆田	三明	漳州	宁德	南平
在福建省的位置	东部	东部	东部	中部	中部	南部	东北部	北部
调查涉及县(市)名称	闽清 福清	杏林 东孚	南安 安溪	仙游	永安	东山	福安	顺昌
调查涉及乡镇个数	3	2	2	2	2	2	2	1
调查涉及行政村个数	6	4	4	4	4	4	4	2

资料来源:根据笔者实地调查资料整理而得。

要说明的是,为了检验调查问卷设计的有效性,本研究在调查问卷的最后附上农户对问卷理解程度这一问题。从对本问卷的理解程度来看,农户对问卷表示理解的比例为84.3%,这说明本次问卷设计和调研过程效果较好。

2. 统计数据

统计资料主要来源于1990~2015年《中国统计年鉴》。

第七节 研究的创新与不足

一 创新之处

要做到理论或方法创新,实属不易。与以往的研究相比,本书可能在以下三个方面有所创新。

第一,在选题上,目前关于农村公共产品的研究多是围绕供给角度展开,对需求的系统研究则很少。考虑到我国农村各地区经济发展非均衡性以及农户对公共产品需求的异质性特点,从经济学角度看,不考虑需求的约束,农村公共产品的有效供给将无从谈起。因此,本书试图从农户这一需求主体出发,对信息非对称条件下的农村公共产品供需关系,农村公共产品需求、需求强度及其影响因素，农村公共产品需求演化路径及层次，以农户需求为导向的农村公共产品供给制度设计等一系列与需求密切相关的问题展开研究，从而增进了对农村公共产品需求的理解，并丰富现有的农村公共产品理论。

第二，基于农村居民生活消费历史数据和实地调查获取的农户截面数据，采用动态和静态分析相结合的方式对农村公共产品需求演化路径及层次进行深入研究，从而突破了国内学术界对农村公共产品需求的研究仅停留在静态分析的局限，为政府在公共产品供给中的优先序选择提供参考和依据。

第三，在研究方法上，国内现有研究一般仅用 CV 方法来识别农户对某项公共产品是否有需求，并据此探讨影响其需求的因素，本书采用封闭式条件评价法进一步识别了农户在不同支付水平下的需求强度，从而更全面地反映了农户从公共产品消费中获得的效用情况；在分析影响农户需求及需求强度的因素时，本书借鉴现有研究文献，并结合态度－行为理论，认为农户对公共产品的需求行为不仅要受外在因素与环境因素的影响，还要受自身心理因素的影响，在模型中引入了新的解释变量——农户态度，从而增强了模型的解释能力。

二 不足之处

国内外学者针对农户公共产品需求的系统研究较少，使本研究在资料阅读上受到一定的限制，同时由于本人研究能力的局限，本研究还存在以下三个方面的不足和欠缺。

（1）受时间和精力的限制，本书的调查样本数据主要来自对福建省 8 个地区 11 个县（市）32 个村 305 户农户的调查，虽然农户调查考虑到了自然环境、经济水平和不同地区的差异，但样本农户公共产品消费偏好状况与全国的农户实际消费偏好状况可能存在一定的偏差，因此，本书的一些研究结论外推范围如何，有待进一步验证。

（2）本书主要是基于农户的视角对农村公共产品需求进行研究，没有考虑政府及其他利益集团对农村公共产品的需求。在今后的研究中应对这一问题予以关注。

（3）随着农村经济社会的变迁，农户对公共产品的需求也在不断发展变化，这在很大程度上影响着农村公共产品供给制度的变迁。为了探求更具现实意义、有效的农村公共产品供给制度，有待长期的跟踪研究。

总之，本书对农村公共产品需求的研究是一种探索性研究，其中必定存在缺陷和不足之处，这些缺陷和不足也是笔者今后需要改进和研究的方向。

第二章
理论基础及文献综述

就农村社区公共产品需求而言，还有一系列理论、方法有待探索。了解并掌握前人的理论是进行后续研究的基础和依据。同时，本章拟对近几十年来国内外有关公共产品及农村公共产品需求方面的相关研究文献进行梳理并做简要评论。

第一节　理论基础

效用理论、公共产品理论、态度 – 行为理论、信息非对称理论以及需要层次理论等为我们研究农村公共产品需求提供了可能和依据，本章对这些理论进行综述，并结合农户对公共产品的需求进行阐述，旨在为本研究提供一个充分的理论基础。

一　效用理论

消费者之所以对各种商品（包括公共产品在内）有消费需求，目的是追求效用最大化。效用作为一种心理现象，是消费者对某种物品的主观评价和主观心理感受，不同的消费者在消费同一种商品时由于主观感受不尽相同，因而对效用价值水平的评价也未必相同。在现实经济生活中，效用不是一个客观存在,而是作为消费者的一种心理感受而存在,如何对其进行准确衡量?从各自的研究角度出发,西方经济学家对这一问题进行了研究,并对此构造了不同形式的效用函数。

1. 基数效用理论的建立

19世纪早期,经济学家创立了基数效用理论,它假设商品消费为消费者带来一个实际的效用值,但它在运用过程中遇到了作为主观范畴的效用不可能精确计量的难题,从而导致了一个矛盾,即消费者的效用是主观的,而用来度量消费者效用的数学方法却是客观的。这一矛盾的存在,使效用理论不能大规模地应用数学方法,同时也限制了效用理论的进一步发展。

2. 序数效用理论的建立

为解决上述矛盾,19世纪末期,帕累托指出了研究消费者行为只需从消费者偏好某种商品的直接经验事实出发,分析消费者对不同商品的态度即可,并据此提出了消费偏好的概念。帕累托为了避开对效用的衡量,对埃奇沃斯提出的契约曲线进行了改造,得到了新的效用分析工具——无差异曲线,在此基础上,用两种商品的替代关系来表示消费者对商品的偏好。由此,以帕累托这个思想为基础建立的序数效用理论大大地放宽了基数效用理论的假设,并在消费偏好的基础上对消费者的行为作了全新的阐述(蒋殿春,2000)。进一步地,希克斯在无差异曲线的基础上又提出了偏好尺度的概念。他认为可以根据偏好次序比较效用的大小,以"边际替代率"替代"边际效用",以"边际替代率递减规律"替代"边际效用递减规律",把无差异曲线和预算限制线相结合。同时,希克斯和艾伦在一篇名为《价值理论的再思考》的著名论文中,运用"无差异曲线"对效用进行了重新诠释,他们认为,消费者在市场上所做的并不是权衡商品效用的大小,而只是在不同的商品之间进行排序。经过经济学家的不断努力,如今序数效用理论已发展成为标准的效用理论(朱定胜,2000)。

3. 显示性偏好理论的提出

鉴于效用这一概念本身的缺陷,无差异曲线这一效用分析工具为不少经济学家所诟病。在19世纪30年代,萨缪尔森用显示性偏好理论重新阐释了效用理论。与古典经济学从效用-动机推导人的行为选择这一思路不同，显示性偏好理论是从行为结果本身来推导人的行为准则。由于行为结果是可观察、可显示的，显示性偏好理论就抛却了效用理论中的许多主观假定，而仅需要一些隐含的、非常弱的要求，如一致性等。显示性偏好理论包括显示性偏好弱公理与显示性偏好强公理，其中，显示性偏好强公理是弱公理的一般化表述。本章在此仅对显示性偏好强公理进行表述。

对消费者而言，任何一组价格和收入 $(p_1^0, \cdots, p_n^0, I^0)$ 就对应着一组消费量 $(x_1^0, \cdots, x_n^0)$，支出为 $\sum_{i=1}^n p_i^0 x_i^0$，如果有另外一组消费量 $(x_1^1, \cdots, x_n^1)$，支出为 $\sum_{i=1}^n p_i^0 x_i^1$，如果 $\sum_{i=1}^n p_i^0 x_i^0 \geqslant \sum_{i=1}^n p_i^0 x_i^1$，消费者选择了 $(x_1^0, \cdots, x_n^0)$，而未选择 $(x_1^1, \cdots, x_n^1)$，则我们称消费者显示性偏好第一组商品 $(x_1^0, \cdots, x_n^0)$。即有：

$$\beta_m \geqslant 0, \qquad m = 1, 2, \cdots, M \tag{2.1}$$

$$\sum_{i=1}^n p_i^0 x_i^0 \geqslant \sum_{i=1}^n p_i^0 x_i^1 \Rightarrow x^0 > x^1 \tag{2.2}$$

特别地，有：

$$\sum_{i=1}^n p_i^0 x_i^0 > \sum_{i=1}^n p_i^0 x_i^1 \Rightarrow x^0 > x^1 \tag{2.3}$$

同理，有：

$$\sum_{i=1}^n p_i^1 x_i^1 > \sum_{i=1}^n p_i^1 x_i^0 \Rightarrow x^1 > x^0 \tag{2.4}$$

$x^0 > x^1$ 表示消费者显示性偏好于 x^0，显然，式（2.3）与式（2.4）不能同时成立，故有：

$$\sum_{i=1}^n p_i^0 x_i^0 > \sum_{i=1}^n p_i^0 x_i^1 \Rightarrow \sum_{i=1}^n p_i^1 x_i^1 < \sum_{i=1}^n p_i^1 x_i^0 \tag{2.5}$$

这里，我们取 $x^0 \neq x^1$、$p^0 \neq p^1$ 即相异点。整理，得：

$$\sum_{i=1}^n p_i^0 \Delta x_i < 0 \Rightarrow \sum_{i=1}^n p_i^1 \Delta x_i < 0 \tag{2.6}$$

如果假定需求函数是单值的，并且同意只考虑不同的点，上式可扩展为：

$$\sum_{i=1}^{n} p_i \Delta x_i \leq 0 \Rightarrow \sum_{i=1}^{n} (p_i + \Delta p_i) \Delta x_i < 0 \qquad (2.7)$$

这就是显示性偏好强公理，它将过去主观的、不可测的选择理论转而建立在可观察的、可经验证的基础上，从而为效用分析提供了一个基础。

以上对效用理论的综述都是在确定性条件下的消费行为，没有涉及不确定性条件下的消费行为。事实上，在现实经济生活中存在各种不确定因素，不确定性是指经济行为者在事先不能准确地知道自己的某种决策的结果，如同在确定条件下消费者行为追求的目标是获得最大的效用一样，在不确定条件下消费者追求的目标也是得到更大的效用。但是，在不确定性条件下，由于消费者事先并不知道哪种结果事实上会发生，所以，他只是在事前做出最优的决策，以最大化他的期望效用。为此，西方经济学家建立了期望效用的概念。

4. 不确定性条件下的期望效用理论

期望效用理论认为，如果某个随机变量 X 以概率 P_i 取值 X_i（$i = 1$，2，$\cdots$，n），而某人在确定地得到 X_i 时的效用为 $U(X_i)$，那么，该随机变量给他带来的效用便是：

$$U(X) = E[U(X)] = P_1 U(X_1) + P_2 U(X_2) + \cdots + P_n U(X_n)$$

其中，$E[U(X)]$ 表示关于随机变量 X 的期望效用。之后，阿罗（Arrow，1954）将期望效用理论吸收进瓦尔拉斯均衡的框架中，成为处理不确定性决策问题的分析范式。在期望效用理论的公理体系之上，经济学家们用经济学方法分析方方面面的人类行为。

然而，一些非主流的经济学家却认为期望效用理论存在严重缺陷，现实中人类的很多决策行为，诸如"阿莱斯悖论""追风（羊群）效应""偏好颠倒"等"悖论"是无法用期望效用函数来解释的。于是，一些经济学家开始修正经典理论，修改效用函数、禀赋、技术和市场信息结构等，其中，以预期效用理论影响最大，该理论以人们在不确定情形下的判断为基础，认为期望效用理论并不适用于人们在不确定情形下的实际决策行为，并将认知心理学的成果引入经济分析，从而使人们认识到心理认知的偏差的存在和重要性。

5. 非主流效用理论的兴起

新古典经济学的理论基础是效用理论。主流效用理论把人对商品的偏好抽象成单一的经济偏好，把人的追求抽象成单一的物质追求，把一个丰富的、有着七情六欲与喜怒哀乐的社会人抽象成一个冰冷的、只善于功利计算的经济动物，这一点为许多经济学家特别是行为经济学家所诟病。事实上，人的效用函数不仅包括物质偏好，同时还可以包括情感、道德方面的偏好，后者在处于一个结构较为紧密的农村社区语境下的农户身上可能表现得更为明显。因此，自 20 世纪 70 年代末期开始，部分经济学家对效用理论的研究表现出一种从"序数"向"基数"、从"数理"向"经验"回归的倾向，如以贝克尔为代表的行为主义效用论，以海萨尼、阿马蒂亚·森和黄有光为代表的新基数效用论，以 J. Robson 和 Zywick 为代表的经验主义效用论等（叶航，2008）。

二　公共产品理论

公共产品理论作为一种系统的理论直到 19 世纪 80 年代才出现，奥意财政学者将边际效用理论运用到财政领域，创立了较为系统的公共产品论，其代表人物有潘泰利奥尼、马佐拉和马科。此后林达尔、约翰逊和鲍温对公共产品的补偿问题作了研究，提出了自愿交换理论。现代经济学对公共产品的研究起点以 1954 年和 1955 年萨缪尔森发表在《经济学与统计学评论》上的两篇著名的文章——《公共支出的纯理论》和《公共支出理论图解》为标志。此后，蒂布特（Tiebout，1956）、布坎南（Buchanan，2007）等人分别从各自的角度对公共产品进行了分析，从而形成了丰富的公共产品理论。综合来看，国外学者对于公共产品理论的研究主要围绕两条线展开，即公共产品需求理论与公共产品供给理论。

（一）公共产品需求理论

从 20 世纪初期开始，西方经济学家日益重视从需求的角度出发来探讨公共产品均衡供给。林达尔、庇古、萨缪尔森等人在此方面做出了突出贡献。

1. 林达尔均衡模型与公共产品需求分析

林达尔对公共产品均衡问题给出了实证性解释，并通常被称为林达尔均衡。林达尔认为，如同私人产品的生产一样，公共产品的生产是消费者交换各自利益的行为的结果。公共产品的提供是以消费者支出的一个税收份额（总额为1）为代价的，消费者支付的税收份额就是公共产品的"价格"，这些价格被称为林达尔价格。林达尔均衡就是一组林达尔价格，在这些价格下，每个消费者对公共产品的需求水平应是相同的。林达尔用模型证明了公共产品供给和需求均衡的存在以及合理的差别税率可以通过自愿的交易而实现。这一模型的思想可以用图2－1加以表示。

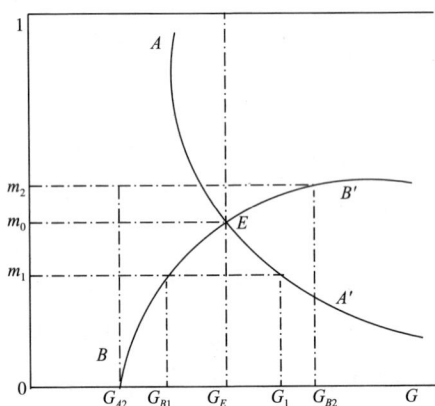

图 2－1　林达尔均衡

资料来源：岳书铭：《农村公共品供求均衡机制研究》，山东农业大学博士学位论文，2007，第25页。

如图2－1所示，假设社会中存在两个必须分担公共产品成本 G 的消费者 A 和 B，他们负担的税收份额分别为 m 和（$1-m$）。图中纵轴表示价格，也就是税收份额，横轴表示公共产品数量，AA' 就是消费者 A 的需求曲线。因为税收由 A 和 B 分担，总的税收份额为1，因此，可以把纵轴上数量为1的点作为消费者 B 的原点，并相应地得到一条公共产品需求曲线

BB'。对应任一水平的税收 m，都可以通过需求曲线 AA' 和 BB' 找到两个消费者相应的需求数量。但只有当 $m = m_0$ 时，AA' 和 BB' 相交于 E，因此，E 点就是均衡点，它决定了最佳公共产品供给数量和税收的分摊比例，此时，消费者 A 和 B 对公共产品的需求正好相等，等于 G_E。而当 $m < m_0$ 时，消费者 A 的需求大于 B 的需求，如果 $m > m_0$，则相反（岳书铭，2007）。

林达尔均衡解是如何获得的？林达尔认为消费者在"同等的讨价还价力量"的基础上一定会表露自己的真实偏好。他先假定消费者 A 是真实表露偏好的，消费者 B 没有真实地表露自己的偏好，因此，B 承担较少的税收，A 则承担较多的税收，与此同时，公共产品供给数量就减少了。于是这时的 A 一定会发挥讨价还价的功能，或者像 B 一样隐瞒自己的偏好。如此讨价还价的结果所得到的公共产品的消费数量越来越小于自己的真实需求。这样的事实或可以被预期到的这样的事实使得 A 和 B 都意识到，如此下去，对谁都没有好处。于是双方各自都逐步小幅度地增加自己真实偏好的表露，在双方讨价还价能力对称的情况下，最终将自己的真实偏好完全表露，市场最终达到均衡。可见，林达尔模型的实质就是消费者就公共产品的供给数量以及他们之间的税收分配进行讨价还价，其讨价还价的结果若能满足边际效用价值等于税收价格的效率条件，那么这一均衡就是公共产品最优供给状态。

2. 庇古均衡模型与公共产品需求分析

庇古的分析是以基数效用理论为基础展开的，认为每个人在消费公共产品时都可以得到一定的正效用，同时由于每个人都必须为生产这种公共产品而纳税，因而又会产生税收的负效用。这种负效用被庇古定义为个人放弃消费私人产品的机会成本。对于每个人来说，公共产品的最优供给将发生在公共产品消费的边际效用等于税收的边际负效用这一点上（如图 2-2 所示）。

在图 2-2 中，GG' 曲线表示公共产品消费的边际效用，TT' 曲线表示税收的边际负效用，NU 曲线表示由上述两条曲线所产生的边际净效用。在 a 点上，GG' 公共产品消费的边际效用值等于 TT' 税收的边际负效用的值，此时边际净效用 NU 等于零，净效用达到最大。庇古均衡模型反映了个人对公共产品的需求，这一需求表现为公共产品消费的边际效用，而公共产品消费的边际效用要通过税收的边际效用反映出来，庇古巧妙地运用税收的边际负效用说明了个人对公共产品的需求。可以看出，庇古均衡的这种需求分析存在缺陷，他将个人对公共产品需求建立在基数效用理论的基础上。基数效用理论认为效用是可以计量并加总求和的，但许多经济学家对此均持怀疑态度。庇古均衡的缺陷正好反映了研究农村公共产品的需求问题需要解决的一个关键问题，即个人对公共产品的需求应通过何种理论或方法测度（李成葳，2005）。

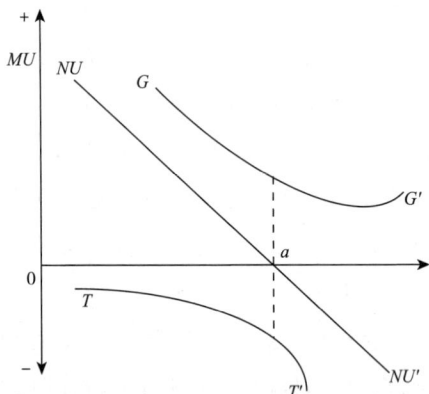

图 2 - 2　庇古均衡

资料来源：李成葳：《公共产品的需求、供给评价与激励》，中国财政经济出版社，2005，第 23 页。

3. 萨缪尔森局部均衡模型与公共产品需求分析

萨缪尔森局部均衡模型是在对比私人产品的局部均衡基础上建立起来的，详见图 2-3（a）、图 2-3（b）。假定市场只有两个消费者 A 和 B，他们对某件私人产品的需求曲线分别为 D_A 和 D_B，可以得到如图 2-3（a）私人产品的市场需求曲线，市场需求曲线是由个人需求曲线 D_A 和 D_B 水平加总而得，之所以水平相加，是因为所有消费者都是既定的价格接受者，面临同一价格水平。图 2-3（b）中的 D_A 和 D_B 也分别代表个人 A 和 B 的需求曲线，萨缪尔森称这种曲线为个人"虚拟需求曲线"。"虚拟需求曲线"仅是对个人在各种税收条件下公共产品需求的一种假定，它是通过政府的调查和询问获得的。两条"虚拟需求曲线"的纵向相加得到社会总的需求曲线。尽管学者们对萨缪尔森局部均衡模型的需求分析还存在一些疑问，如个人"虚拟需求曲线"是否能够真实反映人们真实的偏好，公共产品的社会总需求曲线是否能由个人"虚拟需求曲线"简单相加，但它毕竟为我们解决公共产品均衡供给问题提供了一种思路。

4. 萨缪尔森一般均衡模型与公共产品需求分析

萨缪尔森的一般均衡模型以效用为基准，以两个产品（公共产品 g 和私人产品 x）为起点，以资源最优配置为目标展开，以公式形式推导出了公共产品最优供给的一般均衡条件：$\sum_{i}^{n} MRS_{gx}^{h} = MRT_{gx}^{h}$，式中 g 为公共产品，x 为私人产品，i 为公共产品的消费者数量（以 $i = 1, \cdots, n$ 标注），MRS_{gx} 为公共产品 g 与私人产品 i 之间的边际替代率，MRT_{gx} 为公共产品 g 与私人产品 x 的边际转换率。

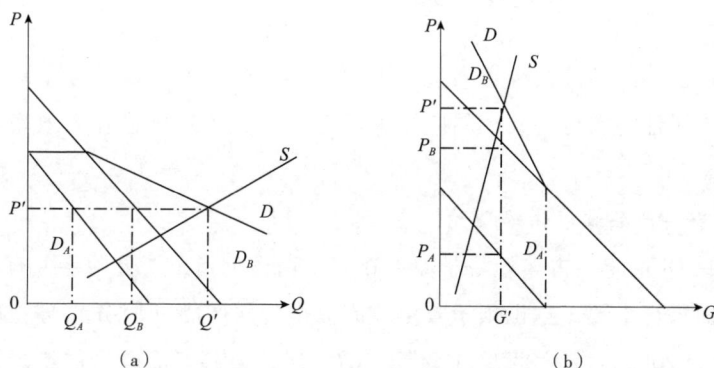

图 2 – 3 私人产品局部均衡与萨缪尔森局部均衡

资料来源：李成葳：《公共产品的需求、供给评价与激励》，中国财政经济出版社，2005，第 24 页。

萨缪尔森一般均衡模型的关注重心在于说明当公共产品与每一种私人产品的边际转换率等于所有家庭关于这两种物品的边际替代率的总和时，就实现了公共产品的最优供给。但这种分析必须依赖于如下两个严格的限制性假设条件。

第一，该模型假设存在一个万能的计划者，他知道每个人为了消费公共产品而愿意支付的价格。然后把这些价格反馈到总计划中，计算出整个经济的公共产品和私人产品的组合。为了解决经济中的福利分配问题，万能的计划者必须知道所有消费者确切的效用函数。显然，在公共产品供给中任何政府如要得到如此详细的消费者需求信息，要面临高额的交易成本，从而他们不能也不愿获取这些信息。

第二，每个消费者都应当准确流露自己对公共产品的偏好，这才有可能使计划当局获得每个消费者为消费公共产品而愿意支付的价格。作为有限理性"经济人"的农民发现不说出自身对公共产品的偏好对他们更有好处，政府等公共产品提供者便无法得出公共产品的一组价格。

综合以上四个均衡模型，我们可以发现林达尔、庇古、萨缪尔森等经济学家都强调了消费者个人需求偏好的收集对于公共产品均衡供给的重要性，这就为我们研究农村公共产品均衡供给提供了一个思路：了解并把握农民对公共产品的需求状况（或支付能力）是实现农村公共产品均衡供给的关键。

（二）公共产品供给理论

农村公共产品涉及种类繁多，不同领域的公共产品属性并不一样，因此，不同属性的农村公共产品应该采用不同的配置规则进行有效率、公平的提供。

1. 公共产品政府供给理论

早在 18 世纪，古典经济学家如亚当·斯密就指出了公共事务有必要由政府出面进行干预，这也预示着由政府提供公共产品（服务）理论的萌芽（刘尚希，2002）。后经萨缪尔森等人的发展，公共产品政府供给理论真正走向了成熟。萨缪尔森（Samuelson，1954）指出："公共产品是指那种不论个人是否愿意购买，都能使整个社会每一成员获益的物品。高效的公共产品通常需要政府提供。"自萨缪尔森之后，许多经济学家都认为公共产品在技术上难以排他（或者排他成本很高）、道义上不能排他、使用上不应排他，这样的产品一旦提供，容易产生"搭便车"问题，很难通过市场的方式提供，只能由政府来完成。布坎南也为政府干预公共产品供给的种类提供了详尽解释。

可以看出，排他性程度被看作在市场机制条件下公共产品是由政府还是市场提供的分界线。但在上一章对公共产品属性分析中我们知道，不同种类的公共产品其排他性程度并不相同，而且随着技术条件和收入水平的变化，公共产品的排他性程度具有可变性。在此，我们就需要对以下问题进行思考：第一，以政府为主导的公共产品的供给模式是否完美、唯一；如果政府在公共产品供给中也出现失灵现象，我们该如何选择。第二，是否可以存在与政府供给方式并存的其他供给方式。

2. 公共产品私人或市场供给理论

公共产品之所以要由政府提供是因为排他的困难，这种困难的根源在于公共产品交易中高昂的交易成本。如若希望公共产品的供给方式有多种选择，让公共产品有一定的排他性是问题解决的关键。因为在德姆塞茨（Demsetz，1970）看来，可排他的公共产品可由私人有效提供，而非排他性公共产品的私人提供却不现实。"选择性进入"概念则为我们指出了某些公共产品不能由市场提供足够的数量，仅仅是现有技术使得排除不付费者在经济上不可行，未来的技术进步将使排除不付费者更加便宜可行。以史密兹（Schmidtz，1987）为代表的学者则认为，在公共产品的供给上，消费者之间可订立契约，根据一致性同意原则来供给公共产品，从而解决"搭便车"问题。上述这些观点都阐明了公共产品通过私人（或市场）供给模式提供的可能性与现实性。奥尔森（Olson，1995）在分析个人利益与集体利益冲突时，提出如要使集体行动有效，一种令人愉快的解决办法是运用"选择性激励"，即用私人的、排他性物品给成员提供激励，这样公共产品就可以通过自愿的协议集体地提供。

"俱乐部经济理论"的创始人布坎南（Buchanan，2007）则把政府、个人（或市场）、企业以及非营利组织都融入了其俱乐部供给模式之中。他认为基于现实生活中大量公共产品都是以非纯粹公共产品的形式存在，这些产品通常具有排他性，易于排斥不付费的人使用。作为市场失灵的一种自愿解，俱乐部可用来供给某些非纯粹公共产品。可组成各种各样的俱乐部来提供不同的公共产品，或者同一俱乐部可提供几种公共产品。

正如奥斯特罗姆（Ostrom，2000）指出的，"每一个公民都不由一个政府服务，而是由大量的各不相同的公共服务产业所服务"。因此，在新农村建设语境下如何寻求一个有效的农村公共产品供给制度安排方式，将市场、个人（包含农户）以及非营利组织的供给行为纳入其中是值得我们深思的一个问题。

（三）态度－行为理论

行为科学家如艾肯（Aiken）等人认为，态度对人的行为有重要影响。态度是指一个人对周围的人或事所持有的一种持久而又一致的心理和行为倾向。态度对人的行为具有重要影响，主要表现在以下几个方面。一是态度影响行为积极性。人们对于某些活动（工作、任务）持好感时，就会在行为上积极响应，相反，对于与个体愿望、信念相违背的活动（工作、任务），人们则会抵制或消极敷衍。二是态度影响行为效果。人们对于某些活动（工作、任务）持响应、赞同态度时，行为效率一般较高，行为效果一般也较好，相反，即使有良好的条件，行为效率和行为效果也会受到影响。三是态度影响人的判断。态度具有持久的特点，态度一旦形成，就成为个体适应环境的习惯性反应，很可能使人抱有一种固定性看法。因此，艾肯等人认为，研究人的行为，就必须研究行为者的态度以及影响其态度形成的因素。一般来说，影响态度形成的因素主要有如下三种。

1. 个人对事物产生的结果的判断

从贝克尔等人的行为主义效用论出发，人的行为的发生并非单纯为了追求个人效用最大化，还可以有别的目标。个人对事物的追求，是为了满足自身各种各样的效用或目标。对于那些能满足个人多样化追求的对象或有助于自己达到目标的对象，人们对此多持正面、积极态度；对有碍于个人目标实现的对象或引起挫折的对象，多持消极态度。

2. 对事物的信息认知

人们对某事物的态度与其对该事物相关信息或者说知识的了解程度有关，人们关于某种事物好处的信息或知识越丰富，对此事物的赞同态度也就越明朗。

3. 个人所属的组织、团体和阶层的主观规范

组织、团体以及阶级、阶层对成员的态度有很大影响，故而出自同一家庭、同一组织、同一团体、同一阶层的人，对某些事物常抱有类似的态度。这是他们所处的环境、所受的教育、所具有的需要、所具有的知识都大体相同的缘故。

在行为科学中，态度作为个人在生活实践中形成的心理反应倾向，具有相对的稳定性，但也是可以改变的。随着社会变迁，个人对社会、组织、团体的认同感的变化，其与社会、组织、团体规范相一致的态度会发生变化。此外，个人知识水平的变化以及政府、组织的宣传也会使人重新进行态度选择，从而改变原有态度。

态度-行为理论为本书研究影响农户对公共产品需求因素的模型构思提供了理论支持。考虑到农村社会作为一个熟人社会，农户之间交往频繁，在此情形下，农户的需求行为最起码会有部分是由社会的、文化的因素和价值规范所"塑造"，特别是由"相对封闭的环境"——家庭、拓展的家庭和地方社区所"塑造"。在塑造和修正个人偏好的过程中，个人的内省、学习和个人经验肯定是关键性的。但是，来自家庭邻居、亲朋好友的引导和劝说以及社区其他群体的压力，也会导致农户对公共产品的偏好产生心理反应，并进一步对其偏好形成和偏好改变产生影响，这种影响程度的高低取决于农户产生的心理反应强烈程度。综上所述，我们可以借助于行为经济学中的态度-行为理论来部分地解释农户对公共产品需求行为的发生。

（四）需要层次理论

马斯洛假设每个人都有五个层次的需要：生理需要、安全需要、社会需要、受尊重需要以及自我实现需要。马斯洛需要层次理论的基本观点是：第一，人是有需要和欲望的，随时有待满足；人们需要的是什么，要看已满足的是什么。第二，人的需要从低级到高级具有不同层次，只有当低一级的需要得到相对满足时，高一级的需要才会起主导作用。一般来说，需要强度的大小和需要层次的高低成反比，即需要层次越低，需要强度越大。

与马斯洛需要层次对应，农户对公共产品的需要也具有层级性。农户对公共产品的层次性需要从一个侧面凸显了研究农村需求问题的重要性。由于我国农村各地区经济、社会发展在地域上发展不平衡，农村各地区的资源禀赋条件也存在显著差异，处于不同时空下的农民对公共产品的需要会表现出多层性特点。我们在研究农村公共产品需求的过程中应重视需要层次性发展规律，着重对下述问题进行思考：现阶段我国个体农户对公共产品的需要情况如何？需要与需求之间的相关性怎样？个体农户对公共产品需求演化层次又是怎样的？这些问题的解决有利于增进我们对农村公共产品需求的理解，同时也可以为政府在公共产品供给中进行优先序选择提供参考。

（五）信息非对称理论

信息非对称理论论述了信息在交易双方的不对称分布或在某方的不完全性对于市场交易行为和市场行为效率所产生的一系列重要影响。它包括三方面的内容：一是交易双方中的任何一方都未获得完全清楚的信息；二是有关交易的信息在交易双方之间的分布不对称，即一方比另一方占有更多的相关信息；三是交易双方对于各自在信息占有方面的相对地位都是清楚的。信息不对称会引起公共资源配置的非效率。威廉姆森（Williamon，2016）指出，各种各样的交易成本可能会妨碍从交易中取得应有的绩效。在造成交易成本的各种因素中，他尤其强调信息不通畅是导致非效率的根源。

在农村公共产品领域，农户拥有自身偏好的信息，并且这一信息是其私人信息，政府和其他人无法获知。农户偏好的这种不可观察性导致了公共产品供给者了解农户私人需求信息的交易成本非常高，并且这一"隐藏信息"又很难通过契约来加以约束，于是出现了所谓的"道德风险"问题。在信息非对称条件下探讨我国农村公共产品供给与需求关系更符合经济现实，有着重要的现实意义。

第二节 文献综述

一 关于公共产品均衡供给与需求关系探讨

公共产品均衡供给的实现离不开对个人需求曲线的研究。林达尔通过实证分析说明了消费者如何在公共产品的供给数量以及他们之间的税收分配之间进行讨价还价，并使其讨价还价的结果满足公共产品消费的边际效用价值等于税收价格的效率条件，从而实现林达尔均衡。庇古则认为，公共产品的最优供给将发生在公共产品消费的边际效用等于税收的边际负效用这一点上，这一边际效用即代表了个人对公共产品的需求。萨缪尔森（Samuelson，1954）构建的公共产品局部均衡模型中给出了一条个人对公共产品的"虚拟需求曲线"，他认为这条"虚拟需求曲线"是通过政府的调查和询问得到的，他所提出的一般均衡模型也暗含了个人对公共产品的需求曲线以及社会对公共产品的需求曲线。尽管上述三位经济学家对于要如何获得个人需求曲线都没能提出一个切合实际的方法，但他们毕竟为后人提供了一个研究思路，即实现公共产品均衡供给离不开对个人需求的分析。

继林达尔等人之后，部分国外学者运用了消费者选择理论来分析公共产品特别是地方公共产品的最优供给水平问题。例如，Borcherding & Deacon（1972）、Bergstrom & Goodman（1973）、Perkins（1977）等人假设了最优的公共产品供给水平取决于投票表决结果，而占优的表决结果为中间投票人的最优消费选择。在他们的模型（如 B – D、B – G 模型）中，提供公共产品的资金来自税收，即实际上由居民分摊（通常被假设为均分），并构成公共产品的"价格"；每个居民则根据自身面临的预算约束选择一个能够最大化其效用的公共产品消费水平。根据"中间投票人"理论，在一系列备选的公共产品供给方案中，只有中间投票人偏好的那个方案才能获得最广泛的支持，因而"中性"的政府将根据这样的表决结果，即中间投票人的需求意愿，来提供公共产品。在 B – D 模型和 B – G 模型的基础上，Glazer、Niskanen & Scotchmer（1997）又将异质性人群假设引入了公共产品最优供给水平进行分析。

受国外学者研究成果的启发，我国学者就公共产品需求与均衡供给关系展开了探讨。首先，国内学者就"均衡供给"这一概念提出了各自的看法。陈武平（2000）指出，只有消费者的边际支付意愿之和等于生产单位公共产品的边际支付成本，公共产品的生产数量和成本分配才是帕累托最优的，个体最优与群体最优是统一的。熊巍（2002）、林万龙（2003）等认为，公共产品的供给量和供给价格应确定在某种水平上，能够满足消费者的需求，使消费者效用最大化，这样才达到公共产品的均衡供给。但也有学者对公共产品均衡供给的现实性提出了异议。张曙光（2004）指出，由于公共产品消费过程中的"搭便车"问题存在，受利益驱动的农民有可能发出虚假的需求信号。因此，农民对公共产品偏好的显示是非全面的，农民是非理性的，尚不完全具备运用公共产品均衡供给模型的假设前提，运用兼顾效率与公平的公共产品供给次优模型比较符合我国国情。胡洪曙（2011）运用粘蝇纸效应对地方公共产品最优供给的影响以及由此而导致的对辖区居民效用最大化的影响进行分析，提出在一般均衡状态下，公共产品最优供给的前提条件是社区内公共产品的成本和收益应是封闭的，即不存在税收输出或收益溢出的情况，而中央转移支付的存在无疑背离了该条件。周绍东（2015）指出，公共产品供给的额度应该是由公共产品需求决定的，而在市场经济体制尚不完善的现阶段，公共产品供给与公共产品需求却是脱节的，从公共需求到公共供给之间存在很多层级，难以直接把公共需求的信息传递到公共产品的供给部门。进一步地，他认为，公共产品供给数量并不是完全由公共产品需求决定的，而是取决于财政预算和政府自身的目标导向，这种"卖方市场"的格局是造成大量超额公共产品出现的根本原因。

其次，国内学者采取了实证研究的方法对农村公共产品的需求与有效供给进行了分析。赵宇和姜海臣（2007）就基于农民需求的视角，对山东省11个县（市）的32个行政村的公共产品供给现状进行调查，在此基础上提出了应如何完善农村公共产品供给。张兵和周彬（2006）通过对江苏省灌南县农户对农业科技投入的支付意愿及影响因素分析，得出了政府应增加农村教育投入以及完善农村通信设施建设的结论。陈俊红、吴敬学和周连第（2006）根据 DIY 式抽样调查，对农村公共产品投资需求进行分析，指出了北京市新农村建设应加大农村医疗和社会保障、农村公路、农民终身教育等公共产品建设项目投入，应依据不同区域功能定位确定投资重点。赵仑（2009）实证分析了北京市在加速城市化和后工业化社会阶段的公共产品需求，如后工业化阶段对高端公共产品需求日趋增加，城市、县区发展不平衡造成公共产品需求多样化，老龄化社会对公共产品提出特殊要求，城市安全变化引致公共产品需求变化，基于此提出必须从社会不同群体对公共产品的需求出发，制定有效的公共政策，优化公共产品结构。

总之，国内外学者对于公共产品（包括农村公共产品在内）需求与供给均衡关系的研究都强调获得消费者个人需求偏好信息对于公共产品均衡供给的重要性，但在实践中由于不存在一个公共产品市场，要获取这一信息存在很大障碍。

二　关于公共产品需求估计方法探讨

正如缪勒（Mueller，1999）所指出的，公共产品排他性或竞争性原则的缺失犹如苹果，它会把个人诱入隐藏私人需求信息的行为动机之中。尽管萨缪尔森（Samuelson，1954）指出了在信息完全的假定下，通过市场机制的作用能够把消费者对公共产品的偏好传递给提供者，但是，在现实生活中，完全信息是一种理性状况，不完全信息则是一种常态，因此，萨缪尔森同时又指出了不可能构造一个过程以显示可确定满足帕累托最优条件的公共产品数量所需的偏好信息。受此影响进行分析，经济学家经常为"公共产品偏好显示问题"所困扰。自然地，如何估计人们对公共产品的需求或偏好就成了国内外学者关注的焦点。

根据笔者对文献的阅读，可以发现国外学者对公共产品需求估计方法的研究主要围绕以下三条主线展开：一是基于市场方法来估计个体对公共产品的需求；二是基于投票方法来显示个体对公共产品的需求；三是基于经验调查方法来衡量个体对公共产品的需求，具体内容详见图2-4。

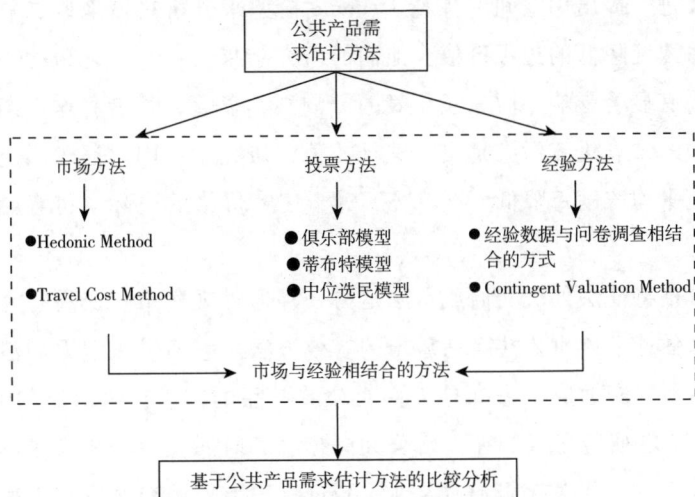

图2-4　公共产品需求估计方法研究路径

资料来源：本研究归纳整理而得。

（一）基于市场方法的公共产品需求估计

公共产品虽然不能像私人产品那样可以通过找到消费者的"选择"来显示其"偏好"，但是国外学者认为还是可以通过观察市场交易中消费者在各种使用机会之间的选择行为以及由此产生的机会成本来推导他们对公共产品的偏好（李成葳，2005）。遵循这一思路，国内外学者在微观研究中采用了两种估计偏好的方法——价格特征法（Hedonic Method）与交通成本法（Travel Cost Method），来评价人们对公共产品的偏好。

价格特征方法认为，产品由众多不同特征组成，而产品价格是由所有特征带给人们的效用决定的，由于在不同时空条件下产品各个特征的数量及组合方式不同，从而产品的价格也随之产生差异。Brookshire & Thayer（1982）运用了价格特征法来评价洛杉矶盆地未受污染的空气的价值，他们在假设其他因素如绿化水平、治安状况、交通状况以及娱乐设施等不变的情况下，通过比较空气清洁地区与空气污染地区房地产的价值来推断人们对未受污染的空气的偏好。而 Wonkim 等人（2003）则对 Hedonic 函数进行了改进，提出用空间－计量 Hedonic 模型来分析汉城地区二氧化硫和二氧化氮浓度降低的边际价值。他们的研究结果表明二氧化硫污染水平对住宅价格有显著影响，而二氧化氮的影响则不显著，作者将这一结果归因于空气中的二氧化硫污染超出标准排放值，研究结果同时还表明空气中的二氧化硫平均浓度每降低 4%，居民对于住宅价格的边际支付意愿就会上升 1.4%。

除价格特征法外，交通成本法是另一种通过观察市场交易行为中发生的数据来估计个体对公共产品需求的有效方法。它通过了解人们消费公共产品所耗费的交通成本来推导人们对公共产品的需求。Clarke（1998）就运用这一方法研究了人们在消费公共医疗服务时所花费的交通成本，从而推导出人们对公共医疗服务的需求。Font（2000）用交通成本法来测量旅行者对那些能够为其提供休闲服务的地区的旅行价值的评价。他通过构建一个旅行者行为模型来预测旅行者是否愿意参加娱乐活动、其参加活动的频率以及为旅行者提供替代品需耗费的成本。

(二) 基于投票方法的公共产品需求估计

选举中的投票过程很容易使人联想到经济市场中消费者用以表达真实偏好的货币投票。"蒂布特模型"、"俱乐部模型"以及"中间选民模型"等用于显示个体对公共产品需求的重要方法也由此产生。

蒂布特（Tiebout，1956）设想，对于那些由地方供应的公共产品而言，如果居民能够在社区之间移动，那么，对于消费偏好不同的个人来说，哪个地方提供的公共产品最适合其需要，他（或她）就会选择去哪个地方居住，通过这种"以脚投票"的方式，就可以表明人们对某种公共产品的消费偏好。蒂布特的这一观点是通过建立一个模型——"蒂布特模型"得出的，该模型的构建依赖于一系列严格的前提假设，如假设存在足够多的社区可供居民选择、居民可以充分流动、居民的收入主要来自股息而非劳动收入等。蒂布特模型为后人开拓了一个研究个体对公共产品偏好的新视角，John 等人（1994）就用蒂布特模型考察了影响伦敦地区 4 个自治市镇居民流动决策的因素，发现不同地区实行的人头税及其提供的公共服务是影响人口流动率的主要原因。Kenneth & Salucci（2007）为了更清楚地显示蒂布特模型的微观基础，他们对美国 4 个最大城市居民的流动意愿进行了调查，结果发现居民对于地方核心公共服务的评价是影响居民流动的决定因素，而种族、家庭收入、社会资本与居民的流动决策要么不相关，要么起着阻碍作用，他们的这一调查结果也证明了蒂布特模型的解释力。有些学者则在尝试对"蒂布特模型"进行扩展，将它应用到更广泛的领域去。国内学者孙开（2005）就将蒂布特模型应用到地方财政体制设计中来，并对地方公共产品的有效供给问题进行了较为系统的分析。崔国胜、唐忠（2006）指出蒂布特模型的政策含义是政府要采取促进居民流动的方式来提高公共产品的配置效率。受蒂布特模型的启迪，并在对蒂布特模型的部分假设进行现实性批判基础上，他们提出了根据流动程度，把公共产品划分为可流动公共产品和不可流动公共产品两类，通过可流动公共产品的流动来提高公共产品的配置效率的思路。刘成奎、海鸣（2011）则基于"以脚投票"理论分析了地方政府官员在基础设施供给决策上的城市偏好，指出弱化地方政府官员决策中的城市偏好，可以促进农村基础设施供给水平的提高。

布坎南的"俱乐部模型"在缪勒眼里有着类似蒂布特模型的结论。俱乐部的自愿形成比蒂布特模型在显示个人对公共产品的偏好上更有效，因为它并不要求俱乐部成员在地理位置上接近。同时，布坎南还是首位使用模型来研究自愿俱乐部效率的学者，在该模型中，个人对公共产品和私人产品具有相同趣味，通过个人自愿结社而形成的有相同志趣之群体的俱乐部，能很好地完成个人偏好聚类的任务。进一步地，布坎南还指出了可以通过对不同的个人收取不同的俱乐部服务费的方式来观察个人在公共产品消费方面的不同偏好。俱乐部模型主要适用于那些可排他（或对排他技术要求较低）的公共产品。Aseem & Potoski（2009）运用俱乐部模型，针对公共机构为劝导企业治理污染以产生超出政府管制之外的环境正外部效应而提出的志愿环境保护规划，指出应设计一个有效的俱乐部以解决企业在增加环境正外部效应的供给中所产生的集体行动问题及"搭便车"问题。国内学者林俊荣（2007）基于俱乐部经济理论，指出不同统筹地区对经常处于流动就业状态的农民工养老保险关系的转入设置种种限制是促使农民工退保的一个主要原因，提出了消除这些障碍的方式——实现全国统筹分县区类别保障。

运用"中位选民模型"研究社会对公共产品的需求在 20 世纪七八十年代颇为流行。Pommerehne & Frey（1976）最早根据中位选民模型建立起公共产品的需求方程，Romer & Rosenthal（1979）等人建立了"中位选民模型"来估计居民对公共产品的需求，在该模型中，具有中位偏好的中位收入者在确定社会对公共产品实际需求中起着决定性作用，因此中位选民对公共产品的偏好，也就反映了社会对公共产品的偏好，即反映了个人对公共产品偏好的加总。闵琪（2010）运用山东省 17 市 1997～2007年的面板数据，借助经典的中位选民模型，考察了个人税收负担对公共品需求的影响，认为山东省一般公共品市场是供给导向的市场，税收弹性与公共品需求层次相关，建议建立引导公民合理表达公共品需求意向机制。卫龙宝、朱西湖、伍骏骞（2015）以经典的中位选民模型为理论基础，利用全国"十县百村"新农村建设调查的 1981 户农户数据，运用有序多分类 Logistic 回归模型，对农户公共品需求的影响因素进行了实证分析。研究结果显示，收入对农业生产设施、农村道路和社会保障的需求偏好存在显著正向影响，农户对农业生产设施和社会保障的需求具有明显的价格效应，其他个人特征和村庄特征等因素也会影响农户公共品需求。

（三）基于经验方法的公共产品需求估计

由于外部性的存在，人们很难通过市场交易来掌握消费者对公共产品的偏好，在此情形下，学者们通常借助各种调查方法来获取个体对公共产品的需求或支付意愿，其中，条件评价法（Contingent Valuation Method，CVM）是应用最广、影响最大的一种方法（Carson & Groves，2007）。CVM 这一概念的提出应归功于 Giriacy-Wantrup（Hamemann，1994），他指出可以通过询问个体"愿意为连续增加的公共产品支付多少钱"的方式来获取个体的支付意愿，同时他认为问卷调查提供了一条追踪个体对公共产品需求曲线的路径，而这是通过市场交易数据无法搜集到的。第一位将 Giriacy-Wantrup 思想付诸实践的是 Davis（1963），他运用 CVM 衡量了缅因州滨海森林宿营、狩猎的娱乐价值。而 Hanemann（1984）则建立了 CVM 与 Hicks 等价剩余、补偿剩余与支付意愿之间的有效联系，为 CVM 奠定了坚实的经济学基础。

CVM 的运用依赖于问卷调查，因此有学者认为依赖市场调查方式获得的研究结果会存在偏差。Kahneman & Knetsch（1992）就指出通过 CVM 得到的是人们对道德满足感的购买，而不是人们实际愿意为公共产品支付的数量。Barnett 等人（1991）指出了 CVM 的调查结果存在各种偏差，如信息偏差、支付方式偏差、起点偏差、假想偏差及策略性偏差等。针对学者的质疑，CVM 的研究者认为这些偏差并非不可避免或消除。正如 Giriacy-Wantrup（1947）所指出的，CVM 的有效性依赖于问卷调查的设计和实施技巧，随着时代的发展，经济学家会充分利用社会心理学以及新近涌现出的学术领域中的调查研究技术的发展对 CVM 进行不断的改进。之后发生的事实也充分证明了 Giriacy－Wantrup 的这一观点。例如，为了弥补开放式问题格式的提问不易回答的缺陷，Bishop 等人（1979）把封闭式二分选择问卷格式引入 CVM 问卷设计，以此来替代开放式问题格式，由此获得的消费者支付意愿能更好地模拟市场结果，如今这一格式已被美国海洋和大气管理局认为是 CVM 研究中最先进的方法。而 Hanemann（1991）又在 Bishop 的基础上提出了多边界多目标 CVM 模式。

鉴于 CVM 的核心思想是通过调查来获取人们对公共产品的最大支付意愿，随着 CVM 的不断改进，对于最大支付意愿的数据统计分析也成了 CVM 研究者们关注的焦点。Hanemann & Kanninen（1999）指出，随着 CVM 研究从开放式问题格式向封闭式问题格式的转移，CVM 的数据统计分析是 CVM 研究中的热点。采用开放式问题格式获取的数据由于提供了受访者最大支付意愿值，因此并不需要做进一步的分析，只需用非参数方法获得样本的平均最大支付意愿值即可。而采用封闭式问题格式的问卷调查结果，受访者的回答并不直接是一定数量的金钱，而是一个支付意愿的数值范围，因而对统计技术要求较高（张志强、徐中民、程国栋，2003）。Loomis、Kent & Strange（2000）认为由于封闭式问题格式的"是"或"不是"的回答结果为一种离散选择变量，因此需要用 Probit 和 Logistic 模型来定量分析这种问题。

CVM 不仅可以用来估计消费者对公共产品的需求函数，它还有一个很重要的用途是：借助微观调查数据，通过计量方法确认影响公共产品需求的主要因素。Ahlin & Johansson（2001）用单方程技术分析了瑞典居民对地方公共教育的需求，他们将就业类型、性别、年龄、政治偏好、税收价格、拥有小孩个数等作为变量探讨了影响瑞典居民教育需求的因素。为了分析心理学变量——态度——对居民公共产品支付意愿的影响，Jorgensen、Wilson & Heberlein（2001）通过对北威斯康星州财产所有者的调查，获取了这些居民对于环境类公共产品（包括生物多样性、印第安捕鱼、水质、野生动物——狼等）的支付意愿，在此基础上采用测量模型分析了财产所有者的态度与其支付意愿之间的相关关系。

近年来，国内学者也较多地采用 CVM 来获取农户对公共产品的需求以及探求影响需求的因素。宁满秀等人（2006）以新疆玛纳斯河流域棉花保险为例，采用基于多边界二分选择问卷格式的 CVM 获取农户微观数据，并通过建立 COX 比例风险模型分析了农户对农业保险支付意愿与其影响因素之间的相关关系。孔祥智和涂圣伟（2006）运用 CVM 对影响新农村建设中农户对农田水利设施的需求偏好的因素进行识别分析，结果表明，农户公共产品需求偏好受个人特征、家庭特征和村庄特征共同影响，但不同特征变量的影响方向和程度存在显著性差异。何忠伟、王有年和李华

（2007）运用 CVM 对京北水资源支付意愿进行调查，他们通过单变量和多变量描述统计分析获得相关统计特征指标，运用 Logit 和 Tobit 两个模型研究了影响居民对京北水资源支付意愿的因素。王振军（2014）以陇东黄土高原区玉米和马铃薯保险为例，采用条件评价法设计问卷调查，运用情景分析手段，就农户购买农业气象指数保险和传统农业保险的意愿进行了分析，研究结果表明，由于基差风险较大，在同一保障水平和个人投保费率下农户购买传统农业保险的意愿高于购买农业气象指数保险的意愿。

总之，经过 40 多年的发展，CVM 这一方法在争议中走向了成熟。如今 CVM 已在许多公共产品（如环境卫生、环境产品、医疗服务、休闲设施、教育等）领域得到了广泛的应用。西蒙（Simon，2002）指出了到目前为止 CVM 是估计消费者公共产品需求、评价公共产品价值最为常用的一种方法。保罗（Paulo，2002）甚至认为 CVM 是在效用评价中唯一行之有效的方法。

在经验调查中，除了 CVM 之外，国外学者还采取了将经验数据与调查相结合的方式来估计个体对公共产品的需求。基于可观察到的市政公共支出的经验数据，Turnbull & Changt（1998）运用广义显示偏好公理经验分析方法对选民的公共支出需求进行了研究，并据此检验了政府公共支出的目的是否有助于实现选民特别是中间收入选民的效用最大化。为了考察农村公共部门需求与城市公共部门需求的差异情况，McMillan & Tuffour（2001）基于超对数模型建立了联立方程，对维多利亚、澳大利亚农村与城市公共部门的支出需求进行了研究，结果表明，支出、价格与替代品弹性是导致二者产生差异的关键因素。另外，国外学者如 Freeman（1979）还指出，在一定条件下，通过观察市场交易中与某种公共产品在消费上具有替代性或互补性的私人产品或服务的消费情况，可以识别人们对该公共产品的需求。

此外，20 世纪八九十年代还出现了将市场与经验两种方法相结合来估计消费者对公共产品需求的倾向。如 Brown & Mendelsohn（1984）用 Hedonic Travel Cost 方法来获取消费者对户外休闲娱乐场所的支付意愿。他们认为户外休闲娱乐场所的价格可以通过对几个潜在地区的每一个特征束的交通成本进行逐步回归获得。在此基础上，消费者对于休闲场所品质特征的需求只要通过比较他们对不同的特征价格的选择行为就可以显示出来。Cameron（1992）将实际交易行为中发生的 TCM 数据与 CVM 调查获得的资料相结合，以此来估计潜在消费者的效用函数的参数值，并据此得出消费者的一般需求函数。

（四）基于公共产品需求估计方法的比较分析

公共产品（包括农村公共产品在内）由于不存在真正意义上的市场价格，因此在绝大多数情况下，市场交易中的货币投票方式在公共产品中并不存在。如何准确识别消费者对公共产品的需求或偏好？国内外学者对此进行了深入的探讨，并取得了较大的进展，在研究方法上特别是在计量方法上也是在不断地改进创新。

综观学者们在研究公共产品需求过程中使用的各种方法，主要包括如下几种："蒂布特模型""俱乐部模型""中位选民模型""特征价格法""交通成本法"等。在既定的约束条件下，运用这些方法可以估计人们对公共产品的需求。但是，这些方法都存在各自的缺陷。

首先，"蒂布特模型"和"俱乐部模型"的基本思路都是，认为通过建立一些简单的使人们能够自己分成有相同志趣之群体的设施，就能完成显示个人偏好的任务。然而，这两个理论在实践上都要遇到困难。"蒂布特模型"的建立需依赖于一系列严格的前提假设，例如他假设居民可以充分流动、居民的收入主要是来自股息而非劳动收入等，这些假设并不贴近实际特别是中国农村实际情况。"俱乐部模型"假设了一个可获取的公共产品的可能种类的完整范围，但是在现实中人们如何认识并获取这一范围的机遇？"中位选民模型"在实际应用中较受欢迎，但该模型至少面临着两个重要问题需要解决：一是中间选民如何确定；二是公共产品的产出如何衡量。

其次，"特征价格法"和"交通成本法"为我们估计某种公共产品给消费者带来的效用提供了一种途径，但是这两种方法更适用于那些已经被生产出来的公共产品，对于另外一些还未被生产出来的公共产品，消费者无法直接消费和使用，自然也就无从观察他们的选择行为。而且通过观察消费者享用某种公共产品或服务的成本，只能估计该公共产品或服务给消费者带来的使用价值而不是总经济价值，由此得到的结果也就无法全面反映消费者获得的总效用。

最后，从目前看来，运用 CVM 来估计受访者对公共产品需求的方法得到越来越广泛的应用。CVM 最突出的优点在于它的灵活性并且能够用于估计公共产品给消费者带来的总价值，包括过去的使用价值（Carson，Flores & Meade，2001）。因此，Richard & Groves 认为合理地设计问卷、采用能导出最大支付意愿的引导技术以及运用正确的统计分析方法就可以避免或减少 CVM 在使用过程中发生的误差，因此，CVM 可以成为估计农户对公共产品需求的有效方法。总之，国内外学者的经验研究均证明：合理地设计调查问卷以及运用调查技术，有效借助 CVM 微观调查数据，有效地对农户公共产品需求情况及其影响因素进行识别。

三 关于公共产品供给与需求衔接机制探讨

在现实生活中，如何畅通需求与供给之间的沟通渠道，也是学者们关注的问题。克拉克（Clarke，1971）和格劳维斯（Groves，1973）通过设计克拉克－格劳维斯税来说明通过税制设计的办法可以实现政府与公共产品需求者之间的良好互动。Green & Laffont（1977）也做了类似的研究。

就农村公共产品供求衔接机制而言，国内学者做了诸多探讨。叶兴庆（1997）是最早关注农村公共产品供求衔接问题的学者，他指出了应更新现行的农村公共产品供求衔接机制，实现农村公共产品供给决策程序由"自上而下"向"自下而上"转变，从而达到由社区内部对公共产品的需求来决定公共产品供给的目标。

孙开（2006）提出为解决农村公共产品供求结构失衡问题，有必要改进农村公共产品供给的决策程序和方式，为此必须推进农村基层民主制度建设，建立农村公共产品需求表达机制，将农村公共产品供给决策程序由"自上而下"转变为"自下而上"。孔祥智、李圣军和马九杰（2006）也认为应尽快建立政府决策和农民自主决策相结合的农村公共产品建设体制。当涉及宏观的、外部性强的公共产品时，主要由政府决策；对于外部性不是很强的准公共产品和俱乐部产品，应建立消费者参与机制，让农村社区居民参与公共产品供给的决策和管理。

郭泽保（2005）通过对我国农村公共产品供求矛盾及其成因分析，提出为有效化解供求矛盾，就必须建立和完善农村公共产品需求选择的表达机制。为此，他指出要从以下几个方面入手：政府转变观念，坚持以农民需求为中心的供给目标，改革现行的农村公共产品供给决策程序，提高农民的组织化程度，维护农民的合法权益。陶勇（2001）也提出了类似的观点。

刘义强（2006）基于一项全国农村公共产品需求调查，通过对农民公共产品需求的现状、结构和特点深入分析，提出了应建构农民需求导向的公共产品供给制度。具体地，这一制度应从以下三个层面展开：一是按照农民需求位序结构安排不同性质和层次的资源，提供公共产品；二是建立农民参与不同层级公共产品供给的决策制度；三是建立有效的农民需求表达和显示机制，克服集体非理性的公共选择困境。岳书铭（2007）在其博士论文中也提出应对农村公共产品供求主体产生影响的制度进行创新，认为应从统筹城乡公共产品制度安排、农村社区公共产品供给决策与监管制度创新、农村公共产品投融资制度创新、农村公共产品产权制度创新这几个方面入手。

谈智武、曹庆荣和王冬冬等（2011）以农村体育公共产品为例，针对现行农村体育公共产品需求表达机制存在的问题及原因，从表达主体、渠道和受体三个角度，提出了培养农民公民意识、建立需求显示机制、健全乡镇人民代表大会和村民委员会制度、创建"为农传播"的大众传媒平台、发展农民自发组成的关系群体、发展农村经济、明确划分供给权责、建立瞄准对接机制等措施。

周庆元（2011）从供需两方面分析了当前农村公共物品需求表达的症结，以林达尔模型和蒂布特模型的均衡条件为依据，论述了公共物品需求表达的一般模式，提出了构建农村公共物品需求表达机制的路径选择。

许莲凤（2014）认为在推进城乡基本公共服务均等化的过程中，健全的农村公共产品的需求偏好表达机制有利于供给决策的正确制定和执行，建议从提高农民综合素质、完善中间组织、改革农村公共产品决策机制、建立统一的城乡户籍制度入手，为构建农村公共产品需求偏好表达机制清除现实障碍。

第三节　现有研究评述

一　现有研究成果的评价

对现有文献进行综合和归纳的一个重要目的，就是在综述、借鉴现有文献的基础上探索与我国农村公共产品需求相关的系列问题，增进人们对我国农村公共产品如何实现供求协调发展的理解。因此，在本节，笔者首先就国内外学者对公共产品（包括农村公共产品在内）需求的研究取得的成果进行评价。

综观国内外关于公共产品（包括农村公共产品在内）需求的研究文献，我们发现国外学者无论是在理论研究上还是在实际运用上都取得了较为丰富的成果。国内学者近年来也展开了对公共产品需求的研究，他们通过跟踪国外研究成果，借鉴西方学者用于估计需求的理论和方法，例如条件评价法、俱乐部模型、蒂布特模型、价格特征法、交通成本法及其统计分析工具和技术，用以探讨中国的公共产品（包括农村公共产品在内）的需求问题。具体地，通过对国内外现有文献的分析，本书认为国内外学者对公共产品的研究成果主要体现在以下几个方面。

第一，国内外学者对公共产品需求的研究处于不断的发展和完善之中，这与我国社会转型过程中居民对公共产品不断发展变化的要求相适应。随着社会变迁，公共产品消费在居民个人总消费中所占的比重日益上升，居民对各种类公共产品的需求也日益迫切，这在理论和实践上提出的要求是：要有更加科学适用的理论或方法作为基础，从而有效地估计居民对公共产品的需求，进而为公共产品供给决策提供参考和依据。国内外学者们对公共产品需求的日益深入的研究在很大程度上满足了上述要求。

第二，就估计公共产品需求的方法而言，国内外学者日益注重理论的严谨性和对消费者支付意愿的研究方法分析。其在理论上的进展不仅取决于新古典经济学框架内一般经济理论（包括效用理论）及其分析工具的进步，还取决于相关学科如公共经济学、行为经济学等领域的研究进展，其在研究方法上的进展则在很大程度上依赖于计量经济学研究的进展。

第三，国内外学者对公共产品需求研究的范围在日益扩大。由于政府公共财政的支出规模和范围都在不断扩大，而居民（包括农户在内）对公共产品的需求水平也在不断提高，其需求结构也是不断发生变化，为了更好地评价公共财政支出（包括农村公共财政支出在内）效率以及居民福利增进情况，国内外学者更加关注对不同种类的公共产品需求的研究，例如，从已检索文献来看，国内外学者运用 CVM 估计了居民对诸如交通运输、环境卫生、医疗保健、教育以及艺术等多种公共产品的支付意愿。

总之，学者们对公共产品需求的研究经过不断的发展和创新，已取得了丰富的成果，了解并掌握这些研究成果，有助于拓展我们的研究视野，对我们进行后续研究也有着极其重要的借鉴意义。

二 现有研究对本书的启发

任何一门研究都不能仅仅停留在对现有研究成果的理解和诠释这一阶段，还应看到其理论体系与分析方法上尚需进一步发展和完善的地方，这样才能在后续研究中有所拓展。目前国内外学者对公共产品需求的研究，在内容及方法上均存在不足的地方，而这些地方为我们指出了研究方向。

第一，就我国农村现实而言，党和国家正在着力推进统筹城乡发展以及城乡基本公共服务均等化。在这种情况下，我们不仅要关注农村公共产品供给的数量和质量，更要关注农户从公共产品消费中获得的效用满足程度，而这就涉及对农村公共产品需求的研究，但从现有文献来看，国内外学者对此方面的研究尚嫌不足。

第二，政府在提供农村公共产品时要受到既定的预算约束，宏观上具有刚性。在这种情况下，应该为农民"提供哪些公共产品""提供多少公共产品""先提供什么、后提供什么"，是摆在全国各级政府特别是基层政府面前很现实的问题。为解决这些问题，我们必须系统地研究农户对公共产品的需求，其中不仅包括对农户需求估计的研究，也包括对农户需求演化路径及层次的把握，还包括对农村公共产品供给、需求之间相互作用机制的探讨等。但从目前看来，国外学者大多侧重于对个体需求如何估计的研究，角度相对单一，无法为公共产品需求研究提供一个系统的理论基础；而我国学者对于农村公共产品需求的研究还处于起步阶段。

第三，按照行为经济学理论，心理因素对农户的需求应有着重要的影响，因此，心理因素及其所决定的变量问题应得到我们的关注。作为农村社区环境下的群体——农户，具有相异于其他群体的社会心理和社会意识，从而形成了带有农村社区世俗文化色彩的心理特征，进而影响着农户对公共产品的需求。然而，从现有的文献来看，国内学者大都忽略了个体（包括农户）心理因素对其需求行为的影响。

总之，国内外学者在公共产品（包括农村公共产品）需求研究中存在的不足之处为我们的后续研究提供了改进的方向和拓展的空间。再者，任何一种理论或方法都不可能做到完美，现阶段我们所要做的就是把国内外学者的先进研究成果与我国农村公共产品需求实际相结合，并不断拓展研究视野、改进研究方法。

第三章
中国及福建农村公共产品发展现状分析

引　言

　　农村社会、农民对公共产品日益增长的需求源于农业发展、农民增收的需要。公共产品是一种中间投入品和生产要素，对公共产品的消费可以降低私人产品的生产成本，提高私人的收益水平（岳军，2004），这就决定了农村私人产品的生产对农村公共产品有着较强的依赖性。特别是在国际金融危机持续蔓延的宏观经济形势下，中国农村经济发展受到的影响和冲击日益显现，此时农村公共产品的供给对于农业、农民来说就显得尤为重要。

　　农民对公共产品的需求并非一成不变，它是随着农村经济社会的变迁而不断发展变化的。现阶段我国正处于从温饱社会向小康社会加速发展、从传统农业社会向现代工业社会加速转型的关键时期，在这一时期，我国农村居民的行为方式、生活方式、价值体系都发生了明显的变化，这势必促使农村居民对公共产品数量和质量产生更高的需求。以农村居民的生活消费行为为例，自1978年以来，我国农村居民恩格尔系数大致呈现逐年下降的趋势，这为农民以衣、食、住为主要内容的消费结构升级准备了条件，而这种消费结构的转换必然会拉动农民对道路、电、水、医疗保障等公共产品的巨大需求。

与农民对公共产品日益增长的需求相比，我国农村公共产品的发展现状究竟如何？其供给结构是否合理？这是我们必须予以关注的问题。本章的任务就是对这些问题作出解答。具体地，本章的结构安排如下：首先，对中国农村公共产品发展历程做一个简要的回顾；其次，基于统计数据系统分析了我国农村公共产品的发展现状及其存在的问题；最后，笔者基于实地调查资料，对农户视角下福建省农村公共产品供给现状进行了分析。

第一节　中国农村公共产品发展历程

新中国成立以来，我国农村社会事业已初具规模，各项农村公共产品和服务日益丰富，初步形成了一个较为完整的农村公共产品供给体系。就我国农村公共产品供给而言，主要包括了以下五个重要发展阶段。

第一阶段：互助组时期——农村公共产品供给的萌芽。

新中国成立之后，中国农村通过土地改革，建立了个体农民土地所有制，农户拥有了自己的土地，但他们并没有拥有耕种土地所需的公共设施。土改后的个体农业生产对最基本的农村公共产品的依赖性空前加强，但由于国家财政有限，政府无力供给这些公共产品。在农村公共产品缺乏的情形下，农户之间在自愿互利、意见一致的基础上合作供给了农村生产所需的基本公共产品，这一时期农村公共产品的供给有效弥补了战争破坏而造成的基本农田设施的不足，能够符合农户对公共产品的需求。制约农业生产发展的犁、耕牛、水塘等最基本的公共产品得到了解决，但对于那些能够适应农业生产进一步发展需要的更高层次的公共产品，如较大型的农业生产机械、水利设施、新型技术、农田规模利用等，互助组由于规模较小，难以胜任这些公共产品的供给任务。

第二阶段：合作社时期——农村公共产品供给的发展。

在互助组之后，我国掀起了建立农业生产合作社的高潮。合作社的一个重要特点是农民实行土地等生产资料入股。农民在生产资料入股之后，劳动力实际上已经归合作社统一指挥，参加合作社的统一生产经营。这样合作社就成了入社农户合作供给所有农村公共产品的制度安排方式。由于在这一时期我国政府采取了城市偏向的发展战略，政府无力亦无暇为农户供给公共产品，只能采取政府强制农户通过共同决策、集体生产、共同使用的合作供给方式提供一些公共范围大、公共程度高的农村公共产品。在这一时期，一些大规模的水利工程、农村公路、大型农具等设施得到了大力发展，国家同时还兴办了大批托儿所、幼儿园、中学、农业技术学校等，组建了民兵组织等。

综上所述可知，合作社承担了农业生产所需的各种公共产品的供给，它为农村公共产品的有效供给优化了农业生产条件。同时，在这一时期，原先高度同质化的农民群体开始分化，并且因财产、生产生活、消费习惯等的不同，他们对公共产品的需求也开始表现出很大的差异性。总体而言，这一时期的农民对公共产品的需求或多或少都能得到满足。

第三阶段：人民公社时期——农村公共产品供给体系的初步形成。

人民公社时期的农村公共产品的供给主体是农村基层政府，如公社、大队、生产队。在公社一级，建立了农业技术推广站、农业机械管理站、水利站、畜牧兽医站、经营管理站等农业生产和农村经济服务部门，建立了供销合作社，作为农村的流通部门，设立了粮管站，负责粮食的统一购销、储存与调配。此外，还建立了文化站、广播站和卫生院，承担农民的精神文化服务和医疗保健服务职能。

在这一时期，通过对农村社会资源的高度整合，较好地兴办了许多农村公共事业：大力发展了农村教育，兴办了农村中小学、农村社队集体学校，开设了农业技术职业学校；建立了社会保障制度，包括以救济贫弱为重点的扶贫制度，对社员实行大队卫生站、公社卫生院、县人民医院和赤脚医生看病送药到田边和农家的四级医疗卫生保健制度；完善了农田整治、灌溉工作以及生产性固定投资，我国80%的有效灌溉面积是人民公社时期积累形成的；推广了农业先进技术；发展了农村文化和广播事业，丰富了农民群众的精神生活，农村公共设施供给体系初步形成。

但在人民公社时期，农民基本丧失了对生产安排乃至人身活动的自主权，此时的农户表现出高度的同质性，基本上不存在对公共产品的异质性需求，而且农户对公共产品需求被人为地压制在一种低水平状态。

第四阶段：家庭联产承包责任制至农村税费改革时期——农村公共产品供给的萎缩。

1978 年以后我国农村实行了家庭联产承包责任制，这一制度为农村私人产品的生产提供了激励，却没有为农村公共产品供给提供同样的激励。这一时期，农村公共产品供给由政府、私人、第三部门共同承担。农村公共产品资金的筹集方式由人民公社时期的政府财政和人民公社出资转变为国家财政支出和乡镇收费，并且制度外筹资方式是最主要的方式。政府的非农偏好使财政支农支出在财政支出中所占比重不断下降，并且，政府财政支农支出主要用于农业生产支出和农业事业费。政府通过对农民实行"三提五统"和"两工"政策来完成制度外筹资，制度外资金主要是用于公共设施的基本建设，主要包括校舍、医院、道路、桥梁、通信设施等基础性建设。此外，随着私人经济实力的增加，私人开始承担原先由集体承担的一些公共设施、大型农具等的供给，私人办学也开始出现，农村公共产品的供给开始变得丰富。

家庭联产承包责任制的实施，使集体力量被削弱，从而造成了农村公共产品供给的萎缩，这主要表现在：国家对农业投资减少，公共项目建设趋缓，从而使农业的基本建设投资额、水利设施投资额出现供给不足；农民缺乏公共产品供给的激励，农田水利设施年久失修、道路桥梁无人问津、大型农业机械被肢解破碎，农村义务教育、农村卫生、农村环境、农村社会保障供给不足。总之，这一时期的农村公共产品的供给相对于农业的高速增长来说是滞后了，与此同时，农民对公共产品的需求却较人民公社时期发生了深刻的变化，他们对公共产品的需求日益朝着多样化和异质化方向转变。

第五阶段，农村税费改革至今——农村公共产品供给的全面发展。

从 2003 年起，我国开始全面实行农村税费改革，这一改革降低了地方政府（特别是县乡政府）公共产品供给能力。但党的十六大以来，党中央和国务院提出要统筹城乡经济社会发展，提出"工业反哺农业、城市支持农村"和"多予、少取、放活"的方针，出台了一系列重农、惠农政策，并不断加大对公共产品的供给力度，财政用于农业的支出逐步增加，增加的重点是农业基础设施建设、农业科技进步、农村抗灾救灾、农村扶贫开发、生态建设等。与此同时，农村教育、卫生、文化等社会事业也得到了很大程度的发展。

综观我国农村公共产品发展的历史轨迹，可以发现，农民在很长一个时期都是在以自愿或非自愿的方式自我供给农村公共产品，即便如此，农民对公共产品的需求在大部分历史时期却被忽略了，他们对公共产品的需求始终被人为地压制在一种低水平状态。

第二节　中国农村公共产品现状分析

一　基本情况

我国农村公共产品供给的整体状况可以通过国家财政用于农业支出占财政总支出的比例体现出来。我国目前的财政支农支出结构范围是历史地形成的①，从支出项目上看，既有用于支援农林水利气象部门的事业费（简称"农口事业费"）支出，也有用于支援农业生产、生活支出，包括支援农业生产支出、农业基本建设支出，农业科技三项费用，农村救济费用等的各项支出。其中，支援农口事业费支出的项目主要包括江河治理费，水利设施补助费，飞机播种造林种草补助费，农业科教和技术推广费，森林、农作物、草原、畜禽保护费，特大抗旱、防汛费等；支援农业生产支出项目主要包括小型农田水利和水土保持补助费、支援农林生产组织资金、农村农技推广和植保补助费、农村造林和林木保护补助费、农村水产补助费以及发展粮食生产专项资金等。政府财政支农结构集中反映了财政资金对农业领域中不同公共需求的满足程度。目前无论中央还是地方，其财政支农支出结构基本一样，不同的只是在支出的侧重点上有些许差别。综合来看，我国目前的财政支农支出及其结构主要表现出以下几个特点。

第一，财政支农支出总量增长，但与农业在国民生产总值中所占份额不相符。30多年来，我国财政支农支出资金增长较快，从1980年的149.5亿元增加到2006年的3172.9亿元，增长了20.22倍。但在绝对量增加的同时，财政支农支出占农业总产值和GDP的比例波动较大。1980年财政支农支出总额占农业总产值的比重为10.93%，占GDP比重

---

① 按照《中国统计年鉴》记载，系统的国家财政支农支出范畴形成于1950年左右。

为 3.3%，到 1995 年已分别下降到 4.7% 和 0.95%，直到 1997 年我国逐步加强对"三农"的投入以后才逐步回升，到 2006 年分别上升至 12.83% 和 11.73%。1997～2006 年，我国财政用于农业的支出占当年农业增加值的比重平均为 9.6%。按照相同的口径计算，发达国家的这一水平在 30%～50%，印度、巴西、巴基斯坦、泰国等发展中国家为 10%～20%。这反映的一个事实是，我国财政支农力度远低于西方发达国家和其他发展中国家。

第二，财政支农支出重心放在支援农业生产支出、农林水利气象等部门事业费方面。从实际支出比例来看，在财政支农支出中，支援农业生产支出、农林水利气象等部门事业费方面的支出所占的比例即便是在最低的年份（即 1978 年）也达到了 51.1%，更不用说在最高的年份，即 1994 年达到了 74.99%。

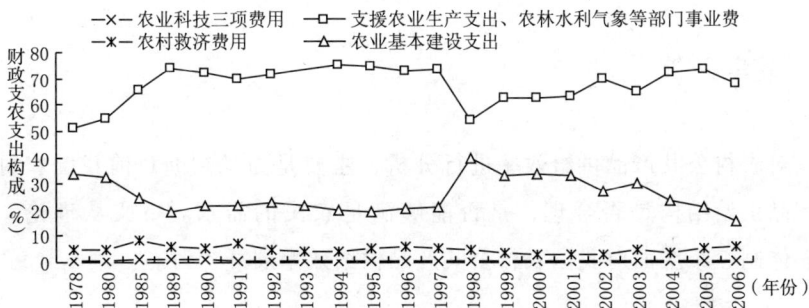

图 3-1　1978～2006 年各项财政支农支出构成变化情况
数据来源：据 1978～2008 年《中国统计年鉴》数据整理测算而得。

与之形成鲜明对比的是，农业科技作为农业增长的源泉，其在财政支农支出中所占的份额，在绝大多数年份连 1% 都不到。正如图 3-1 所示，在各个不同时期，支援农业生产支出、农林水利气象等部门事业费与其他三项支出相比均是遥遥领先，表现出极大的反差。由此可以看出，财政支农支出的范围仍是围绕"支援农业生产支出、农林水利气象等部门事业费"这个重心而展开的。

第三，财政支农支出缺乏统一的标准。在现行的公共财政支农支出范围内，没有一个统领全局的通行标准，各项支出存在抑或扩增的依据是各不相同的，很难用一个统一的尺度来衡量（刘尚希，2002）。如支持农业基本建设，其理由是增强农业的基础设施建设，可提高农业的综合生产能力；而扩大农村社会救济费支出，其依据是这是稳定农村社会、体现社会公平的需要。现行的财政支农支出被不同的准则割裂开来，形成了各自小的支出范围。这使政府在财政支农投入中表现出很大的随意性，没有一个标准或依据。在这样的情形下，会产生两个结果：其一，所有的支农项目都被"摊薄"了，各项支出都处于短期状态；其二，各个项目的支出缺乏一个统一的标准，财政支农支出的不合理配置也就在所难免。

总体而言，我国财政支农支出范围的上述特点是在计划经济这一特定历史背景下形成的。在计划经济时期，政府"统支"的色彩很浓厚，政府的财政支农支出偏好是通行的标准，在这里面农民的声音很微弱。如今中国的改革开放已历经30余年，却仍没有改变计划经济体制下形成的财政支农支出模式。

二 效率分析

对农村公共产品供给效率进行分析，主要是为了判断目前我国农村公共产品供给结构是否合理，是否能够满足农民的需求。下文从理论、实践、体制三个层面对我国农村公共产品供给效率展开探讨。

（一）理论层面

自1978年改革开放以来，我国政府逐渐加大了对农村、农业公共产品的投入力度，对投资结构也作出了一些局部的调整，但整个支出格局与计划经济时期仍是大同小异。支援农业生产支出、农林水气等部门事业费的比重在一些年份有下调，但其在支农支出中所占的比重基本上没有发生多大变化；农业基本建设支出的比重在部分年份得到较大幅度攀升，但大部分时候是在20%~30%；而农业科技三项费用、农村救济费用的比重除了个别年份发生波动外，绝大多数年份都分别保持在低于1%、3%~5%的水平。

从传统农业向现代农业转变的过程中，不仅需要农业生产经营者的资本投入，公共产品投入同样也至关重要，它直接影响着农业的发展。那么，目前我国农村公共产品供给中的资金投入规模对农业增长究竟产生了怎样的影响和作用？或者说，农村公共产品供给中的资金配置效率又是怎样的？近年来国内学术界围绕这些方面做了诸多探讨，笔者在此引用国内学者的相关研究结果进行说明。

首先，我们有必要了解目前我国农村公共产品供给中资金投入情况。国内学者大多认为，农村公共产品投入确实能够促进农业产出增长，但自改革开放以来我国农村公共产品投入存在总量不足、投入规模偏小的问题，并据此提出应大幅度扩大农村公共产品投入规模的建议（王敏、潘勇辉，2007）。例如，李焕彰、钱忠好（2004）运用格兰杰因果检验法验证了财政支农支出增长和农业产出增长之间的关系，得出了目前我国农业公共产品投入不足极大地制约着中国农业可持续增长的潜力的结论，并指出国家财政需要加大对农业的投入力度。

其次，我们接着探讨目前农村公共产品投入结构合理与否的问题。李焕彰、钱忠好（2004）在运用格兰杰因果检验法验证了财政支农支出增长和农业产出增长之间关系的基础上，运用生产函数测定财政支农各类支出的边际产出效应，他们的研究结果表明，我国目前这种以"农口事业费"为重心的农村公共产品投入结构效率不高。因此，他们指出为最大限度地提高财政支农资源的配置效率，必须大幅度增加农业科技投入，适度增加农业基础设施投入，压缩农口事业费支出。肖新成（2005）运用灰色综合关联度分析法，检验了我国各项财政资金支出与农业经济增长之间的关系，认为目前还应最大限度地提高财政支农资金的配置效率，并提出了大幅度增加财政支援农业资金的投入，在农业受灾年要增加农村救济费，适度增加农业科技三项费用和农村基础设施投入的政策建议。杜玉红、黄小舟（2006）运用 OLS 方法进行多元线性回归来分析各项财政支农支出与农民年纯收入的关系。他们的研究结果表明，支援农业生产支出、农村救济费是促进农民增收的有利因素，而农业基本建设投资则阻碍农民收入增加。刘涵（2008）利用多元协整方程对 1980～2006 年我国财政支农支出总量及构成与农业产出的关系进行了实证分析。结果表明，目前我国财政支农支出结构中主要存在农业科技投入比重过低、真正用于生产性支出的比重过低而用于事业费的比重偏高、农业基本建设支出内部不合理等问题，并作出了目前农村财政支农支出结构有待优化的判断。

综上所述可以发现，学者们的研究结论相差较大，彼此间的分歧也较多，这从一个方面反映了目前我国农村公共产品供给存在投入不足、供给结构不合理、供给效率有待提高的问题。

（二）实践层面

从实践角度来看，我国农村公共产品供给存在以下问题。

一是农民急需的公共产品供给严重不足，而某些需求较少的公共产品供给过剩。由于农产品市场是一个典型的蛛网市场，农业是一个自然风险与市场风险交织的产业，以及我国农民现行生产的分散性、收入水平较低、文化层次较低等原因，注定了农民生产对公共产品具有强烈的依赖性。目前农民急需能改进农业生产条件、保证产量稳定增长以及农民自己力所不能及的公共产品，如大型水利灌溉设施、农业发展的综合规划和信息系统、良种培育、农业的科技投入等，由于这些公共产品存在投资见效慢、投资期限长，不易显示各政府部门的政绩的特点，往往被政府部门忽略，从而导致这些公共产品供给的缺位。

与上述相反的是，部分农民非急需的公共产品却在"政绩"意识的影响下供给过剩。这主要表现为：一些农村公共产品由上级政府或地方政府决策者根据"考核指标""任期政绩"来安排，属于"面子工程""形象工程"。如一些农村地区大力修建的楼堂馆所、农贸市场等公共设施，其实际的利用率很低（熊巍，2002），从而影响了资源的有效配置。另外，一些见效快、易出政绩的短期公共项目成为地方追逐的对象，而另一些见效慢、期限长但具有战略性的公共产品，如农业基本建设、农村教育、医疗卫生、环境保护等，政府则缺乏投资的热情；政府热衷于投资新建公共项目，但不愿投资维修存量公共项目。

二是热衷于提供"硬"公共产品，而不愿提供农业科技推广、信息系统等"软"公共产品。目前农村公共产品的供给基本呈现重"硬件"轻"软件"的特点。政府部门对农村公共产品的供给大多集中于水利设施、农村电网改造和道路这些上级要求考核的"硬"公共产品；而对农村信息网络、农业发展的综合规划和信息系统的建设、养老保险以及农村医疗卫生等"软件"公共产品却没有太高的积极性，对于一些属于"软件"方面的公共产品，例如农业科技推广、农业发展的综合规划、技术培训等，即便有供给，其供给数量也不够，不能满足农户的实际需求。

由上述可知，我国农村公共产品供给存在供给不能适应农村发展的需要、不适应农民的实际需求、量少质低、结构性失衡现象严重、对需求的动态适应性不强、供给过剩和部分短缺现象并存等问题。

（三）体制层面

我国现行的农村公共产品供给体制尽管是应农村实行家庭联产承包责任制后制度内公共产品供给不足、农村的发展又迫切需要公共产品这一情况而产生的（叶兴庆，1997），但它实际上还是人民公社时期公共产品供给制度的延续。人民公社时期，我国实行的是计划经济，当时农村公共产品的需求是通过国家自上而下制订计划来体现的，由国家统一安排决定农村公共产品的品种和数量。叶兴庆（1997）就曾将这种农村公共产品供给决策机制总结为"自下而上的公共产品供给决策程序"。这种"自下而上"的公共产品供给决策机制在计划经济时期发挥了较大作用，但它是建立在当时农民对公共产品需求意愿较低的基础上。在人民公社时期，农民缺乏经济的自主权，保持高度的同质性，只是纯粹的公共产品使用者，他们对公共产品缺乏主动需求，也就更谈不上对公共产品的多样化、多层性需求了。

随着我国农村家庭联产承包责任制的实施，农村社会经济得到了快速发展，农民之间原先所保持着的高度同质性逐步向高度异质性转变。此时，广大农民对农村公共产品开始有了强烈的需求冲动，并且由于人的异质性的存在，农民对公共产品的需求也呈现多样化的趋势。与此同时，原先那种由国家自上而下制订计划来决定农村公共产品的供给品种和数量的供给决策机制却依然持续着。受自上而下的公共产品供给决策机制的约束，农村公共产品供给决策的作出主要不是由乡、村社区内部的需求决定，而是由社区外部的指令决定。这一指令主要是来自地方政府，农民的声音很微弱，他们由于缺乏社会组织，表达自身意见和利益的法定渠道缺乏或被堵塞，这样也就无法真正掌握农村社区公共产品供给决策权。这种自上而下的决策程序因不能兼顾广大农民对公共产品的异质性需求，很容易导致农村公共产品的供给脱离农民的实际需求，造成公共产品供给的过剩和不足，使得农村公共产品供给效率低下。

第三节　福建农村公共产品现状调查分析

在中国，大部分人口居住在农村，他们主要依靠所在村庄提供基本的公共产品，如教育、环境卫生等。那么，目前农村公共产品发展现状如何？农民对公共产品供给是否满意？讨论这一问题必须有具体的农村公共产品供给现状这个物，而不能仅仅从理论上展开。本节通过笔者对福建省农村公共产品供给情况的调查，以农户（包括村干部和一般村民）为调查对象，以农村教育（包括义务教育、职业教育、成人教育和农业技术推广教育培训）、农村环境卫生（包括垃圾处理、公共厕所、生活污水处理设施）这两大类公共产品为研究内容，对福建省农户、村干部进行了访谈与问卷调查，试图从农户的视角来揭示福建省农村公共产品发展现状。

一　调查数据、资料来源

受人力、物力因素的限制，本书的调查仅围绕农村教育①和环境卫生类公共产品展开。农村教育包含的子要素有多项，主要有义务教育、职业教育、成人教育和农业技术推广教育培训等。农村环境卫生包括垃圾处理、公共厕所、生活污水处理设施等。

本书的农户调查数据来源于笔者所做的两次调查。

1. 农村教育方面的数据及资料来源

笔者与天元研究所的硕士研究生在 2007 年 10～12 月对福建省 9 个地级市 12 个县（市）18 个乡镇 40 个行政村（详见表 3-1）的 200 位农民进行了问卷调查。本次调查共向农民发放调查问卷 200 份（每个行政村 5 份），回收有效问卷 180 份，问卷调查采用随机抽样方法。

---

① 关于农村教育供给方面的调查现状分析摘自刘小锋、林坚、李勇泉《农村教育供给问题研究——以福建省 40 个行政村为例》，《教育发展研究》2008 年第 11 期。

表 3 – 1　调查涉及的地区位置、名称和数量

地区	福州	厦门	泉州	莆田	三明	漳州	龙岩	宁德	南平
在福建省的位置	东部	东部	东部	中部	中部	南部	西南部	东北部	北部
调查涉及县（市）名称	闽清 福清	杏林 东孚	南安 安溪	仙游	永安	东山	长汀	福安	顺昌
调查涉及乡镇个数	3	2	2	2	2	2	2	2	1
调查涉及行政村个数	6	4	4	4	4	4	8	4	2

资料来源：根据笔者实地调查资料整理而得。

2. 农村环境卫生方面的数据及资料来源

笔者于 2007 年 12 月 ~ 2008 年 1 月对福建省 8 个地区 11 个县（市）16 个乡镇 32 个行政村（详见表 1 – 1）的农户、村干部进行了问卷访谈。笔者对福州、莆田、泉州、三明 4 个地区 18 个村的 180 个农户进行了问卷调查，样本运用了分层抽样和随机抽样相结合的方法，先用分层抽样方法选择了县、乡和村，再用随机抽样方法从每个样本村随机抽取 10 户进行入户访问，调查的 180 个农户的问卷均为有效问卷。同时，笔者与福建农林大学人文学院郑庆昌教授指导的 6 位研究生利用 2007 年寒假参与了问卷调查。他们对厦门、漳州、南平、宁德 4 个地区的 14 个村分别随机抽取了 10 个农户进行调查，共计调查农户 140 户，回收调查问卷 140 份，剔除数据缺失严重和不符合研究要求的农户，形成有效问卷 125 份。此次调查共涉及样本村 32 个，样本农户 320 户，发出调查问卷 320 份，回收有效问卷 305 份，问卷有效率为 95.31%。样本农户分布遍及福建省不同经济、自然条件的地区，具有普遍代表性，具体分布情况见表 1 – 1。

二　调查分析

由于农村公共产品包含的各子要素在公共资源的利用上存在竞争关系，此时，人们的经济活动面临着如何把有限的资源合理和有效率地分配使用于各个子要素的问题，为此，人们必须在各种需要之间权衡比较，有所取舍（宋承先，1997）。然而受种种因素的制约，人们的决策结果通常会偏离资源优化配置的方案。农户是农村公共产品最直接的使用者，现有农村公共资源配置情况是否符合农户的需要，农户对公共产品供给是否满意，是衡量农村公共产品供给有效性的重要标志。

（一）公共资源在农村教育领域配置情况

从笔者的调查结果来看，目前福建省公共资源在上述各种农村公共产品中的配置情况如下。

1. 农村教育子要素内部的资源配置情况

调查表明，近年来，随着公共财政对农村教育特别是农村义务教育投入力度的加大，农村中小学的"硬件"建设较好，让农民孩子"念上书"已得到较好解决。但农村中小学的师资力量令人担忧，如何让农民孩子"念好书"的问题随之凸显。在对本村或本乡（镇）是否建有小学或初中以及在对供孩子上学是否为重要问题的回答中，被调查者无一例外地选择了"是"。在对本村应该接受义务教育的中、小学生有没有辍学现象的调查中，有 171 人选择"没有"，占 95%；有 9 人选择"不清楚"，占 5%。在对本村或本乡（镇）义务教育校舍建设与课桌椅配备情况问题的回答中，则有 163 人选择"很好"或"较好"，占 90.6%。在对本村或本乡（镇）义务教育教学设施配备情况的调查中，有 95 人选择"很好"或"较好"，占 52.8%。在对本村或本乡（镇）义务教育师资力量的调查中，除有 31 人选择"较强"（占 17.2%）外，其余 149 人选择"较差"或"很差"，占 82.8%。

2. 农村教育各子要素间的资源配置情况

农业的增长要依靠人力资本投入的增长，但人力资本并非直接形成于义务教育阶段。从经济学角度看，劳动者只有经过职业教育并具有劳动技能，才能作为人力资本与其他要素结合发挥资源优势。从农户角度来说，随着收入增加和传统思想观念的转变，农民具备了一定程度的人力资本投资的能力，也具有了人力资本投资的内在冲动和压力。笔者的调查结果表明，有 92.5% 的被调查者认为政府大部分的公共投资主要投向了农村义务教育领域。同时，在对学习劳动技能是否重要问题的回答中，有 92% 的被调查者都选择了"很重要"。在对是否需要并接受职业教育服务问题的回答中，165 人选择了"需要并接受"，占 91.7%。在对农村职业教育该不该收费问题的回答中，有 156 人选择了"应该收费"，占 86.7%。尽管广大农民已经意识到劳动技能的重要作用，可是他们中的大部分人对于"学什么""到哪里学""学了有没有用"却一片茫然。另外，在对政府是否有举办过免费的农业技术推广教育培训问题的回答中，仅有 21 人选择了"有"，占 11.7%。正因为如此，在对农村职业教育供给的状况是否满意问题的回答中，有 165 人选择了"不满意"。

(二) 公共资源在农村环境卫生领域配置情况

1. 农村垃圾处理、公共厕所资源配置情况

从笔者的调查情况来看，目前福建省大多数农村地区（特别是沿江流域与库区的周边村）生活环境卫生条件普遍较差。截至笔者调查结束，有 24 个行政村没有专职环卫工人清扫街道，20 个行政村的生活垃圾没有专门的堆放点，有 82% 的农户认为其日常生活垃圾没有得到集中有效的清理。因此，在对"您家垃圾处理方式"问题的回答中，有 78.4% 的村民选择或是将生活垃圾随意丢弃在路旁或沟渠，或是掩埋与焚烧。同时，在笔者所调查的村庄中，仅有 4 个村庄建有公共厕所，而与此同时，有 58% 的农户仍在使用简易厕所或无厕所。

2. 农村生活污水处理设施资源配置情况

根据调查结果可知，有 58.5% 的农户其家庭污水主要来源于生活污水，另有 30.2% 的农户其家庭污水既包括生活污水，又包括畜禽养殖污水。但多数行政村对此缺乏处理，生活污水随意排放现象极为普遍。因此，在对"您村是否建有排水设施"问题的回答中，有 64% 的农户回答"没有"。在对"您村是否建有污水处理设施"问题的回答中，农户无一例外地回答了"没有"。在对"您家污水排放方式"问题的回答中，有 86.6% 的农户选择了随意排放。农户随意排放的污水或通过径流渠道汇入水塘，或直接排向内河涌，或排入化粪池，严重污染了水环境和地下水资源。

(三) 农村公共产品供给制度安排方式

本书对农村公共产品供给制度安排方式的调查主要是以农村教育为例，调查结果表述如下。

1. 从投入主体来看

在对本村或本乡镇的教育由谁出资兴办问题的回答中，有 146 人选择了"政府"，占 81.1%，仅有 34 人选择了"政府和个人、企业或社会团体

共同出资"。在对本村或本乡镇是否存在私立中（小）学校问题的回答中，仅有 35 人选择了"是"，占 19.4%。同时，在被调查地区①中，仅有福清、南安两县（市）目前存在民办职业学校。这说明现阶段福建省农村教育的供给主要来源于公共财政，利用社会资源不足，而农民却希望能打破现有的农村教育供给制度均衡，实现供给主体的多元化，提高农村教育的教学质量。调查结果表明，多数被调查者已经认识到目前农村教育供给存在问题的主要原因在于"资金短缺"，他们认为解决这一问题的出路是依靠"政府和社会力量共同出资"。为此，有不少被调查者希望政府能采取各种激励措施，鼓励企业等社会力量捐赠办学，提高公办学校教学质量。还有部分被调查者或出于望子成龙的心理，或因外出打工经商而无暇顾及子女教育，希望政府能多支持私人办学。调查结果还表明，广大农民对能使农业增产和农民增收的职业技能教育十分渴望并乐意接受，在对希望通过何种渠道获得职业技能教育问题的回答中，有 134 人选择了"政府、公办学校、私立学校和企业"。

2. 从供给决策机制来看

问卷调查表明，目前农村教育的供给决策，如对于"学什么"以及"如何学"，主要采取的是"自上而下"的方式，发挥作用最大的是政府主管部门与学校，农民基本上处于被动接受的地位。这种自上而下的决策程序导致了"上级"提供农村教育服务的不到位。不少被调查者反映"公办学校的办学机制不灵活"、职业学校提供的技能教育"学了派不上用场"。他们希望在农村教育服务项目的供给决策中能多听取农民的意见，真正体现农民的需求。因此，在对农村教育的供给决策应该是谁说了算问题的回答中，有 98 人选择了"政府、学校和农民一起"，占 54.4%。

三 调查结果

根据以上调查情况，对于目前福建省农村公共产品发展现状大体上可以作出以下四个方面的判断。

---

① 本书涉及的被调查地区均是指县（市）一级。

1. 农村教育子要素内部资源配置不合理

被调查村义务教育校舍建设与课桌椅配等"硬件"建设较好，而教学设施、经费保障、师资力量"软件"条件方面跟不上农村经济发展的要求，直接影响着农村教育水平和质量的全面提高。这也从一个侧面反映了农村公共产品供给中存在重"硬件"建设、轻"软件"建设的现象。

2. 农村教育各子要素间资源配置不合理，各子要素间发展不均衡

从笔者的调查结果来看，不少被调查地区的职业、成人教育没有载体，缺乏正规的职业学校；绝大多数被调查对象没有参加过政府免费举办的农业技术推广教育培训。由于我国现行的教育经费负担模式是农村教育以县级统筹为主，教育事业耗资巨大而农村经济又不发达，并且上级政府在考核地方政府部门的评价体系中，对这些公共产品的激励机制较弱，这样地方政府部门容易出现短视行为，从而导致地方政府在财政紧张的约束条件下经常缺位，公共财政用于农村职业教育、成人教育投入比例很小，甚至是忽略了农村职业教育与成人教育的建设。农业技术推广教育培训具有很强的外部性，作为理性人的地方政府官员缺乏有效的激励动因。所以，这类公共产品的供给一般也低于农民的需求。

3. 农村环境卫生领域资源投入不足

从笔者的调查结果来看，被调查的大多数行政村没有专职环卫工人，生活垃圾缺乏专门的堆放点，日常生活垃圾也没有得到有效处理；大多数村庄缺乏排水设施；绝大多数村庄没有建公共厕所；所有被调查村均没有建生活污水处理设施。由此可见，目前被调查村的农村卫生供给匮乏，其公共卫生状况令人担忧。农村环境卫生类公共产品作为新农村建设的一个重要方面，今后应在了解农民真实需求的基础上，以新农村建设为契机，采取村民参与、政府机构双管齐下的方式加大对此类公共产品的供给。

4. 农村公共产品供给制度有待完善

大多数被调查者认为目前的农村公共产品供给制度过于强化政府的作用，农村教育的供给主要来源于公共财政，利用社会资源不足；农村教育的供给决策，主要采取的是"自上而下"的方式，其中发挥作用最大的是政府主管部门，农民基本上处于被动接受的地位。这一制度安排方式所导致的直接后果是政府提供的农村教育服务不到位。农民是农村教育服务的需求者和使用者，在农村教育供给中只有多了解农民的需求意愿，体现农民的需求，才有可能实现农村教育的有效供给。因此，应完善现行的农村公共产品供给制度，从而使这一制度安排方式能有效地协调农村公共产品供求关系。

小　结

本章对中国及福建省农村公共产品现状的研究结果表明，新中国成立以来，特别是改革开放以来，我国政府通过积极的财政支持，对各项农村公共产品（诸如农业基本建设、农业科研及技术推广等）进行了大量的投资，为提高农业生产力、增加农产品有效供给打下了良好的物质基础。但我国农村公共产品的供给在取得一定成就的同时，也存在两个重要问题：一是城市偏向的公共支出配置模式至今仍在延续着，公共产品供给在城市和农村的差距仍然十分鲜明，农村公共投入在总量上仍显不足；二是长期以来我国政府在农村公共产品供给中受种种因素的制约并不重视农民的需求，只是片面地因供给而供给，这既影响了农村公共财政支出的配置效率，也不利于农民福祉的增进。

我国农村公共产品供给总量不足、供给结构不合理导致了农民对公共产品的需求长期被人为地压制在低水平状态。由此，引出的两个问题是：如何判断农村公共财政的合理支出规模？如何分配农村公共财政支出在不同种类公共产品中的支出份额？在当前政府财政支农资源有限的条件下，对这两个问题的解决尤为重要。农村公共财政支出总量只有大致符合财政资源配置客观要求的合理比例，并且，公共财政对农村公共产品的投资不再按现有投资结构简单扩张，做到合理调整投资结构，实现农业投资优化配置，方能促进农村公共产品需求与供给的结构性均衡。而要实现这些，都离不开对农村公共产品需求的了解。

第四章

基于信息非对称的农村
公共产品供给与需求关系分析

引 言

在农村公共产品供给中，政府如何才能知道哪些产品是需要生产的？究竟要依据什么来指导政府从复杂的产品集合中选出正确的产品集来进行生产？为解决上述问题，政府必须知道自己准备生产的产品对农户的价值有多大，即农户对该产品的需求及需求程度如何。如没有这些信息，政府可能会决定为需要基础设施的农户提供其他种类的公共产品，或者为喜欢文化娱乐设施的农户提供过量的该种产品。可见，需求信息在农村公共产品供给与需求之间的良性互动中所起的作用不容忽视。

在理论上，需求信息应该准确及时地传递给政府，政府据此形成农村公共产品供给决策。然而在现实中往往并非如此。在私人产品的情形下，消费者需求可以通过市场交易行为自动显现，其需求强度也可以通过消费者对商品和服务的购买量来显现。但在具有非排他性的农村公共产品情形下，我们却很难获得农户对产品价值评价的信息。农户经常有掩饰他们需求强度的激励，并且希望可以"搭便车"。如果农村公共产品的生产成本是根据该产品对于农户的价值来衡量，那么每个农户都会表现出这样的态度，即认为该产品对自己而言，只意味着很低的价值，同时又希望别人能够表现出相反的态度，即认为该产品对他们来说具有很高的价值，因而他们愿意为这一产品支付较高的费用。在此种情形下，农户对公共产品的需求成了农户的私有信息，而政府却很难把握它。这时就产生了农村公共产品需求信息的非对称问题。在经济社会里，信息非对称是一种常态。

获取准确的需求信息能够帮助政府制定更好的农村公共产品供给决策。由于需求信息是有价值的，获取需求信息也要耗费信息搜寻成本。在信息成本很低或没有信息成本的世界里，农户的需求能被准确衡量，有效的农村公共产品供给能够实现。但在信息成本高昂的世界里，政府得到的有关农户对公共产品的需求信息是不完全的，这使得农村公共产品供需之间的关系变得复杂化，从而为政府有效配置公共资源、实现农村公共产品供求均衡制造了一个难题。

本章从需求信息非对称的角度出发探讨农村公共产品的供给与需求之间的互动关系。具体地，本章的结构安排如下：首先，阐述了农村公共产品领域中存在的信息非对称问题；其次，基于信息非对称条件，构建了一个农村公共产品供需关系均衡模型；再次，从供需关系均衡模型出发，探讨了影响农村公共产品供给与需求良性互动的因素。在此基础上，笔者就农村公共产品的供求能否实现协调发展提出了一些疑问。

第一节　农村公共产品供给与需求之间的信息非对称

一　信息非对称的含义

信息在经济学里面是一个无处不在的概念，是经济学分析一切现象、分析人们的经济行为、分析人们利益冲突的一个重要而又基本的因素。早在 1945 年，哈耶克在一篇后来成为信息经济学基石的著名论文中就指出："在实践中，每一个个人都对其他人有着信息上的优势，因为他掌握着某种独有的信息。"在经济生活中，经济决策人获得的信息往往是不充分的，也是非对称的。

信息非对称理论产生于 20 世纪 70 年代，它主要论述了信息在交易双方的不对称分布或在某方的不完全性对于市场交易行为和市场运行效率所产生的一系列重要影响（江世银，2000）。在信息经济学中，信息非对称主要是指市场交易或者签订契约的一方比另一方拥有更多的信息这样一种状况，比如说劳动力市场上雇员比雇主更清楚自己的能力、身体状况，医疗保险市场上投保人通常比保险公司更了解自身的健康状况等。一般来说，这种交易双方对相关信息占有的不对称很容易引发道德风险问题，它会使经济均衡的性质发生一定程度的扭曲，从而影响到市场均衡的状态和经济效率。

20世纪80年代以来，公共经济学家开始把信息非对称理论引入公共产品研究领域。以农村公共产品为例，将政府和农户视作交易双方。农村公共产品领域中的信息非对称主要是指农户对公共产品的需求信息在政府和农户之间的不对称分布或某方①的不完全性对公共产品供给和供给效率产生的影响。在信息非对称的情况下，农户能够清楚地知道自身对公共产品的需求偏好，但这是其私有知识，政府拥有的需求信息可能只是农户所发出的一个带有噪声的信号。此时，在信息上占据优势的一方——农户，会试图策略性地运用他所掌握的私有信息来影响政府对农村公共产品的供给决策，这样就使得农村公共产品的有效供给变得困难。因此，在信息非对称环境中探求农村公共产品供求协调发展问题就成为我们必须关注的课题。

二　产生的缘由

农村公共产品本身具有的属性、政府与农户之间偏好不一致、农户缺乏提供自身需求信息激励、信息获得成本，加之农户需求表达渠道不畅，这些因素的存在导致了农村公共产品供给与需求之间存在需求信息的不对称。

1. 农村公共产品本身所具有的属性方面的原因

农村公共产品需求信息之所以会在政府与农户之间不对称分布，很重要的一个原因在于农村公共产品本身所具有的双重属性。②

---

① 本书假设有关农村公共产品的供给信息在政府和农户之间的分布是对称的，同时还假定农户能够清楚地把握自身对公共产品的需求。

② 本节对农村公共产品属性的分析主要是基于奥斯特罗姆夫妇的观点。

属性一：非排他性。当物品或者服务的潜在用户能够被排除从而满足零售的界限与条件时，就存在排他性。然而对农村公共产品来说，排他性却是不可行的，因为只要有人供给某一农村公共产品，任何人都可以从该物品中受益。比如，对于农村义务教育这一公共产品而言，就不可能排除某个农户，不让其享受这一服务。

属性二：使用或者消费的共同性。农村公共产品的另外一个属性涉及使用或者消费的共同性。当一个人排除另外一个人使用或者消费某一产品时，就不存在消费的共同性。在这种情况下，消费完全是可分的。而消费的共同性则意味着个人使用或者享用一项农村公共产品并不阻止其他人的使用或者享受；尽管它被一个人使用了，其他人依然可以使用，且量不少，质也不变（奥斯特罗姆，2000）。

当农村公共产品具有共同消费、不能排他的特质时，农户一般不能进行选择，并且在是否消费方面也别无选择，这就意味着农户对公共产品的付费、使用或消费与其对公共产品的需求从理论上讲是可以被分割开来的，这为农户隐藏其对公共产品的需求信息提供了条件。

2. 政府与农户之间偏好不一致方面的原因

在农村公共产品中，代表供给方的政府和代表需求方的农户是两个不同的实体。供需双方的分离，必然导致双方之间存在以下三个方面的矛盾。

矛盾一：供需的数量矛盾。受资源等种种条件的制约，政府愿意供给的农村公共产品数量和农户希望得到的数量是不一致的。农户总是希望政府能在最有效的生产规模上供给尽可能多的公共产品。但政府的供给数量在一定时候却总是有限的。

矛盾二：供需双方对农村公共产品价值评估的矛盾。政府与农户对农村公共产品价值的评估存在差异（李雷鸣、陈俊芳，2004）。政府一般是依据农村公共产品的生产成本来估计该产品的价值，而农户不仅依据农村公共产品的生产成本来估计该产品的价值，同时还要依据自身对该产品的需求情况来进行价值估计。

矛盾三：供需双方对农村公共产品品种要求的矛盾。政府与农户之间对于农村公共产品的品种要求也存在偏差。农户总是希望政府供给的公共产品品种能符合自己的需求，个体农户对公共产品的品种要求也迥然不同，而政府在农村公共产品供给中很难兼顾到每个农户的这种差异性需求。

上述三种矛盾在农村公共产品供给中是客观存在的，由于农户对公共产品的需求信息在实际生活中很难被政府把握，因此农村公共产品领域中的信息非对称现象也随之产生。

3. 农户缺乏提供自身需求信息激励方面的原因

农村公共产品供给与需求之间的良性互动是以对农户偏好（或者说需求）的把握为基础的，但是，农村公共产品是由众多的个体共同使用的产品，其一旦提供就难以排他。此时，要把那些没有支付费用的人从农村公共产品带来的好处中排除出去很困难。基于此，农户会经常有掩饰他们偏好强度的激励，并且希望"搭便车"，政府很难获得农户对于公共产品的价值评价的信息。于是，就会出现这么一种现象：如果农村公共产品的生产成本是根据该产品对农户的价值来衡量，那么每个农户都会表现出这样的态度，即认为这些公共产品对他们而言，只意味着很低的价值。与此同时，每个人都希望别人会表示出相反的态度，即认为这些产品对他们具有很高的价值，因而他们愿意为这个项目支付比较高的费用。如果农户不需要为农村公共产品的生产支付任何费用，那么每个农户又会表现出这样的态度，即认为这些公共产品对他们而言，意味着很高的价值。总之，受经济利益驱使的农户总会试图以最有利的方式来利用这些需求信息，而不把真实的信息传递给政府，造成的结果便是需求信息在政府与农户之间分布的不对称。

4. 信息获得成本方面的原因

1961年，斯蒂格利茨（Stiglitz）首次提出了搜寻成本的概念。他认为，人们对信息的搜寻是有成本的。信息搜寻成本是指政府对公共产品需求信息进行搜集所需耗费的成本。政府作为理性"经济人"，在获取需求信息过程中面临着种种约束条件。面对庞杂的需求信息，在信息搜集、确认上要耗费高昂的信息成本，基于信息搜寻成本和信息搜寻收益的比较，政府搜集信息的意愿可能就不会很强烈，甚至有可能出现"理性的冷漠"（章融、金雪军，2003）。除非在某项农村公共产品供给中涉及的资金量大，政府单独承担较为困难，并且这项公共产品的供给不仅能够为农户带来较大效益，也能够为政府部门带来较大利益，这时政府才有动力去搜集信息。

5. 农户需求表达渠道方面的原因

随着我国农村社会经济的发展，广大农民对农村公共产品有着强烈的需求冲动，农村公共产品具有巨大的需求空间。然而，目前在我国的农村地区，由于村民自治体制不完善，投票制度不健全，农村的社会组织有限，农民表达其对公共产品需求和偏好的渠道不多，有时候还不通畅。

鉴于上述原因，在农村公共产品领域中，信息非对称成了一种常态。就农村公共产品供给而言，搜寻、获取农户对公共产品的真实需求信息对政府制定有效的农村公共产品供给决策有着重要的意义，但在现实生活中，政府搜寻农户需求信息要面临高额的交易成本，受目前特定的政治激励体制约束，政府搜寻信息成本的意愿很难实现。

三 导致的困境

无论农村经济发展处于哪个阶段，农村公共产品在其中都起着不可替代的作用。在信息对称条件下，政府能够准确获取农户的需求信息，农村公共产品供给与需求之间的良性互动变得容易，这有助于实现农村公共产品供给的一般均衡。但在现实经济生活中，政府与农户之间的信息非对称是普遍存在的现象，并且对政府而言，需求信息搜寻成本高昂又是一个客观存在。在信息非对称条件下，农村公共产品供给与需求的良性互动变得困难，从而导致农村公共产品有效供给面临以下两方面的困境。

一是从供给方来看，由于政府难以准确把握农户对公共产品的需求，也就无法预知某项公共产品的供给能够给农业和农民带来的效用，这样有可能造成供给的公共产品不是农户所需要的或者说最需要的，从而造成公共资源配置的低效。

二是从需求方来看，交易成本的存在和"经济人"假设决定了政府不愿耗费大量成本用于搜集农民的需求信息，以此来决定农村公共产品的供给，从而使得农户对公共产品的需求信息向政府方面传递的渠道不通畅。受政府财力有限的约束，新农村建设需要农户参与，而当农户觉得自身的需求意愿不受重视时，他们参与公共产品供给的积极性将大大降低。

第二节　信息非对称条件下农村公共产品供需关系均衡分析

由前述分析可知，受一系列因素的影响，会形成农村公共产品需求信息非对称。在这种需求信息非对称的影响下，农村公共产品供给与需求关系存在均衡或失衡的可能。本节将通过建立一个包括政府和农户双方在内的供需关系均衡模型①对农村公共产品供给和需求关系进行具体分析。

一　基本假定

假定 1：存在一个由多个农户组成的农村社区，政府拟为农户提供某项公共产品（以下简称公共产品）。

假定 2：社区内农户是公共产品的使用者和消费者，农户要以缴纳税费的形式为其消费的公共产品承担部分生产成本。

假定 3：农户能够准确地了解自身对公共产品的需求（或偏好）情况，同时农户对公共产品的偏好是连续的，并呈严格凸性。

假定 4：关于公共产品的生产成本（本书在这里假定为 $\bar{C}$）、质量方面的信息在政府和农户双方之间的分布是对称的。

假定 5：农户预期从公共产品消费中获得的效用为 U，对于农户而言，这一期望效用即代表着他对公共产品的偏好或者说需求。同时，与农户这一期望效用对应的最小成本支出为 C，与此相对应，他们愿意按照政府制定的税率付费的意愿可用概率 P 来表示。每个农户的 C 和 P 都不尽相同，他们清楚地了解自己的 C 和 P，但这不为政府所了解。

假定 6：由于需求信息非对称的存在，政府只能假定各个农户从消费

① 本节的均衡模型是在借鉴江世银（2000）关于消费信贷市场的均衡模型基础上构建而得。

公共产品中获得的均匀期望效用为 $\bar{U}$，为此，政府向每个农户征税的税率为 t，它可看做与政府赋予农户的均匀期望效用对应的最小成本支出，政府通过制定这一税率来补偿其公共产品供给成本。

二 供需关系均衡模型的建立及理论分析

(一) 模型建立

根据以上假定可知，每个农户从公共产品消费中获得的效用 U 不尽相同，他们愿意为公共产品消费所承担的生产成本或者说是支付意愿值 Pt 也就存在差别。在信息非对称条件下，由于农户从公共产品消费中获得的效用 U 以及与此相对应的支付意愿值 Pt 是农户的私人知识，政府无法准确了解，在这种情形下，政府赋予每个农户从公共产品消费中获得的均匀期望效用为 $\bar{U}$，并要求农户为此承担的税率为 t，税率 t 也可看成政府赋予农户的均匀期望效用成本。

依据以上假定条件，农户是否以税率 t 消费公共产品取决于农户的消费效用 U 和需要为此承担的生产成本 Pt 的比较。其中，P 也可看成政府为农户提供公共产品能够获得的成本补偿率。由此，我们可以建立信息非对称条件下农村公共产品供需均衡的第一个条件公式：

$$\frac{\Delta C}{\Delta t} \cdot t \leqslant Pt \tag{4.1}$$

当且仅当 $\dfrac{\Delta C}{\Delta t} \cdot t \leqslant Pt$ 时，农户才会对公共产品有需求，从而愿意为公共产品的供给承担所分摊的生产成本。这里的 ΔC 是指为增加公共产品的支出存量农户所需增加的消费成本，$\Delta C = C_1 - C_0$，Δt 为农户增加的均匀期望效用消费成本，$\Delta t = t_1 - t_0$，$\dfrac{\Delta C}{\Delta t}$ 的含义是指农户消费成本的增加与期望效用成本增加的比例，也即农户对公共产品的边际消费倾向，$\dfrac{\Delta C}{\Delta t} \cdot t$ 的含义是指农户多增加一个单位公共产品的期望效用增加的总消费支出。根据公式（4.1）可知，农户对公共产品的消费需求决策在很大程度上取决于政府期望能够获得的成本补偿率的高低。

对政府而言，在公共财政支出既定的情况下，它是否供给公共产品、供给多少，取决于政府预期农户从消费公共产品中获得的均匀期望效用 $\bar{U}$ 和为农户提供公共产品能够获得的成本补偿率之间的比较，而这实际上可以转化为政府赋予农户从公共产品消费中获得的均匀期望效用与农户对自身公共产品消费的期望效用之间的比较。当政府赋予农户的均匀期望效用不高于农户对自身消费效用的预期时，政府对公共产品的供给才是有效的。由此，我们可以建立信息非对称条件下农村公共产品供需均衡的第二个条件公式：

$$E\left[\left(P\left|\frac{\Delta C}{\Delta t}\cdot t\leqslant pt\right.\right)\cdot t\right]\geqslant E(\bar{U}) \tag{4.2}$$

由于政府对农户消费期望效用 $E(\bar{U})$ 可以等价于 $E(t)$，因此，公式（4.2）又可以表示为：

$$E\left[\left(P\left|\frac{\Delta C}{\Delta t}\cdot t\leqslant Pt\right.\right)\cdot t\right]\geqslant E(t) \tag{4.3}$$

根据公式（4.3）可知，政府对公共产品的供给主要由农户基于成本-效用考量的最优反应行动来决定。公式（4.1）、（4.3）的同时成立是建立在政府与农户双方进行博弈，从而使农户真实表达其从公共产品消费中获得效用满足的实际支付成本 Pt 的基础上的。

（二）理论分析

对农户来说，是否对公共产品有需求，不仅取决于农户的消费效用 U，也取决于农户需要为此承担的生产成本 Pt 的比较。因此，我们可以用曲线 TT' 来表示农村公共产品供需均衡的第一个条件 $\frac{\Delta C}{\Delta t}\cdot t\leqslant Pt$，它是由政府所期望的成本补偿率所决定；对于政府来说，是否供给公共产品，特别是能否有效供给公共产品取决于其制定的税率 t 和为农户提供公共产品能够获得的成本补偿 P 之间的比较。因此，我们可以用曲线 RR' 来表示农村公共产品供需均衡的第二个条件 $E\left[\left(P\left|\frac{\Delta C}{\Delta t}\cdot t\leqslant Pt\right.\right)\cdot t\right]\geqslant E(t)$，它由农户基于成本-效用考量的最优反应行动来决定。

受收入、职业、文化教育程度等因素影响，农户从公共产品消费中获得的边际效用和总效用各不相同，他们愿意为此承担的费用也是因人而异的。由此可推测，P 和 t 的变化方向并非总是一致，也就是说，当税率 t 提高时，农户的实际支付意愿 P 不一定会随之下降；而当税率 t 下降时，P 也不一定就随之上升。税率 t 与农户的实际支付意愿 P 相互之间的这种无规律变化，导致了信息非对称条件下 TT' 与 RR' 这两条曲线在位置关系上既存在相交的可能，也存在相互偏离的可能。具体如图 4-1 所示，TT' 线或者与 RR' 线相交，或者与 RR' 线相偏离。

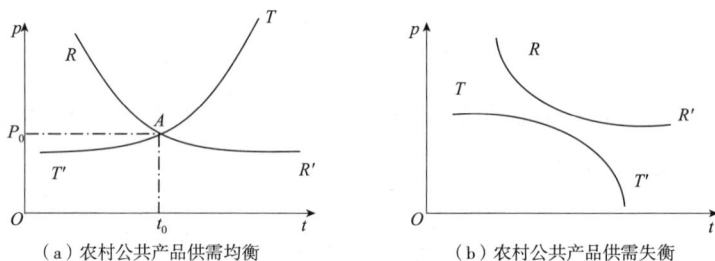

（a）农村公共产品供需均衡　　　　　（b）农村公共产品供需失衡

图 4-1　农村公共产品供需关系

资料来源：本研究归纳所得。

在信息对称条件下，农户既能从公共产品消费中获得最大化的效用满足，又能够真实表达其愿意为公共产品消费而承担的实际成本；政府供给公共产品既能满足它的成本补偿，又能增进农民福利，这样农村公共产品供给达到了均衡。但是，在信息非对称条件下，农村公共产品供需均衡就另当别论了。由于存在政府给予农户的均匀期望效用 $\bar{U}$ 与农户对自身的期望效用 U 的差别，如何获取农户的期望效用成本 Pt 是个难题。

在信息非对称条件下，从政府方面来看，可以通过设计一些激励机制或是采取一些惩罚措施，如少提供或不提供公共产品，以约束农户的投机行为，诱使农户说真话。从农户方面来看，受自利动机驱动的农户经常会陷入是否真实地表达自己对公共产品的支付意愿的"囚徒困境"：如果真实地说出其支付意愿，尽管可以获得公共产品消费带来的满足，但也同时意味着他们必须为此支付更高的成本；如果隐瞒自身真实支付意愿，可能会因此而无法获得公共产品的供给，如此一来，不仅不会改善自己的福利状态，反而会使自己的处境变得更遭。基于此，政府与农户之间博弈的结果有可能会出现两种结局：

（1）政府对公共产品的供给与农户的需求基本保持一致，从而使得公共产品供给与需求达到均衡，从而使得 TT' 线与 RR' 线相交于一点；

（2）政府对公共产品的供给与农户的需求相偏离，从而使得公共产品供给与需求失去均衡，从而使得 TT' 线与 RR' 线相分离。

三 影响供需关系均衡的因素分析

在农村公共品供给中，人们的理性预期是，农村公共产品的供给与需求能相互协调，从而政府能够为农户提供更多更好的公共产品。然而在信息非对称条件下，存在政府赋予农户的均匀期望效用 $\bar{U}$ 与农户对自身的期望效用 U 的差别，因此，农村公共产品的供需关系均衡只能是作为一种理想状态存在。理论和实践经验都表明了有许多因素导致了农村公共产品的供需失调，其中，既包括农户与政府方面的影响，也包括对农户行为有着深刻影响的农村社区变迁方面的影响，以及体现政府意志的农村公共产品供给制度等方面的影响。

（一）农户方面的分析

从农户方面来看，主要包括农户面临公共产品需求显示困境、异质性农户对公共产品的多元化需求等原因。

1. 农户公共产品需求显示困境

产品的供给决定了了解消费者的偏好为成功的前提。对于私人产品，可以在市场上通过观察消费者在不同价格下的实际选择行为来间接地推测消费者偏好。因为私人产品是排他性的，在低排他成本情况下，个人努力（出价或成本负担）与获得产品之间的联系是很清楚的。同时，由于私人产品是分别消费的，所以当消费者的偏好不一致时，可以通过消费不同的私人产品来满足各自的需求而彼此没有影响。农村公共产品的有效供给同样以对偏好的把握为基础。但农村公共产品的需求显示困境在于通过市场方式获取农户对公共产品的真实偏好的不可行性，这实际上是农村公共产品所具有的非排他性导致的困境。农村公共产品是众多个体共同使用的产品，一旦提供就难以排他，在高排他成本下，农户可以以零成本或者是极低的私人成本使用该产品。这正如奥斯特罗姆（2000）指出的，"任何时候，一个人只要不被排斥在分享由他人努力所带来的利益之外，就没有动力为共同利益做贡献"，公共产品消费的非排他性赋予了农户隐瞒自己真实需求的强激励，并寄希望于他人来支付公共产品的供给成本。

由上述可知，政府在制定公共产品的价格（即税收）时，如果税额依据的原则是农户披露的对公共产品的偏好，那么，低估或隐瞒其边际支付意愿就成了农户的最优选择，从而导致农户支付的边际税额低于公共产品给他带来的边际收益，进而导致了农村公共产品供给不足。相反地，如果政府不是出于征税的目的，只是为了通过了解农户需求来决定是否供给该公共产品或供给多少时，产生如爱伦·斯密德（1999）所说的，"如果一种物品存在生产成本或者排他成本（边际成本不为零），那么非排他的政策将导致过度需求和资源耗竭"的后果。这是因为，如果告诉农户，其所流露的边际支付意愿与实际支付的税收不相关，而只与公共产品的供给数量有关，就会诱发农户夸大其边际偏好，从而导致公共产品的过度供给。

总之，由于大多数公共产品都存在高排他成本，农户会策略性地运用自己的需求信息，从而影响农村公共产品供给与需求之间的良性互动。

2. 异质性农户对公共产品的多元化需求

在农村发展早期，农户以农业生产为主，流动性差，整个农村社会成为高度同构社会，农户之间也具有高度同质性，他们对公共产品的需求表现得较为单一，作为农村公共产品供给方的政府很容易了解他们的需求情况。随着农村社会经济的转型，并伴随着农村非农产业的发展，农户内部出现了分层，农户也由高度同质性向高度异质性转化。农户异质性表现在很多方面，其中以收入、职业、教育程度、地域状况等方面的异质性最受关注。农户群体异质性的存在会导致他们对不同类型公共产品需求存在明显的分歧。

第一，农户收入异质性对公共产品需求的影响。

当绝大多数农户的温饱问题尚未解决时，整个农户群体对公共产品的需求较为单一，主要集中在生存方面，如农村生产性基础设施等。但是随着农户在收入上的分化，农户群体在对公共产品的需求结构上存在较大的差别。例如，高收入农户对公共产品的消费需求倾向是如何进一步提高生活质量，因此，他们对文化娱乐、交通通信等公共产品会有更多的需求。相对来说，中、低收入农户对公共产品的需求更多地倾向于发展生产和满足生存需要，如农村基础设施建设、农业技术培训等。

第二，农户职业异质性对公共产品需求的影响。

农村人口在职业方面具有同质性特征，在此基础上，日益呈现分化的趋势。农户在职业方面的同质性表现为其主要职业仍然是农林牧渔业，异质性表现为农户所从事的职业日趋多元化，如在本地或外出务工、经营个体工商业和私营企业等。不同职业背景下的农户对公共产品的需求存在差异性。如以农林牧渔为主业的农户就会对生产性公共产品有着更多的需求，其中从事渔业的农户对改善农村环境较之其他农户有更多的需求。另外，由于外出务工已成多数地区农户家庭的主业，他们迫切需要提供农民工所需的公共产品，如农村社会保障、农村医疗卫生服务等。

第三，农户教育程度异质性对公共产品需求的影响。

农民的受教育程度不同，直接导致其对公共产品需求的差异表现得非常明显。文化程度相对较低的农户在选择公共产品时具有明显的短期行为，更偏好于那些能带来即时利益的公共产品，如农村道路修建、乡村水利灌溉等，而文化程度较高的农户则对那些涉及长远利益的公共产品（如农村环境保护、农业基础科学研究、大江大河大湖治理等）具有需求倾向。

第四，农户所处地域状况异质性对公共产品需求的影响。

中国农村具有极其广阔的地理范围，农村地区相互之间区位差异较大，有位居东部经济发达地区的城镇，有位居西部地理环境比较恶劣的山区村落，有位居城市郊区的卫星城，有远离城镇的边缘地区。由于不同类型农村地区的生活环境和所受的辐射效应不同，与外界发生作用的程度不同，资源禀赋也不同。居住上的地域差别会潜移默化地影响着农村各地区居民的维生方式以及生活态度，这也产生了不同社区间居民对公共产品偏好的差异。例如，居住在以发展副业为主的地区的农户就对农业技术培训不感兴趣，而居住在以农业为主的地区的农户则对农业技术培训与推广、水利设施需求程度较高。贫困地区的农户可能就不曾考虑过文化娱乐设施、公园、影剧院等方面的需求，而富裕地区的农户可能在满足基本公共产品需求后，开始产生对丰富文化生活的公共产品（如公园、影剧院等）的需求。

总之，随着农户异质性增强，他们对公共产品的需求信息就会变得庞大而又复杂，这就增加了政府搜集农村公共产品需求信息的难度和成本。

（二）农村社区变迁方面的分析

速水佑次郎等（2000）曾对社区给出了如下定义：社区是由密切人际交往产生的相互信任联系在一起的人群，这是对传统农村社区的一个真实写照。在传统的小而紧密的农村社区内，农户之间的社会关系以血缘关系和地缘关系为初始禀赋，这决定了农户之间的关系是一种"熟人关系"，农村社区是一个"熟人社区"。在这"熟人社区"里，社会关系作为一种情感的纽带，将农户错综复杂的情感连接在一起，从而产生"利他"的情结。因此，在这一多人农村社区里，追逐效用最大化的个体农户不仅关注自己的个人福利，同时为了维持与社区其他成员的社会关系，还要关心他们的福利，为此要把他人的福利纳入个人的效用函数之中[①]，以此来扩充个人的总效用，从而使他人的效用成为获得个人满足的一个新增的源泉。按照行为经济学理论，一旦在个体的效用函数中引入他人或者集体的状态（利他）（陈宇峰、胡晓群，2007），就有可能克服个体在公共产品消费中的"搭便车"心理，自觉或不自觉地依据公共产品给其带来的效用大小真实地表达自己对公共产品的需求，从而有助于解决农村公共产品需求信息非对称问题。此外，在结果紧密型的农村社区，农户之间较为熟悉，此时预测其他农户的效用成本也较为容易，这样，农户表达其真实效用成本的约束较强，农户之间比较容易达成说真话的默契。

---

① 由于社区成员在频繁的社会交往中，能够产生出一种对彼此效用函数的认识，因此把社区其他成员的效用纳入个人的效用函数中应是可行的。

随着农村社区市场化程度提高以及城乡关系的松动，农户正在努力跨越户籍制度和传统安土重迁观念的藩篱，其城乡流动率不断提高。受此影响，农村社区也在经历着来自外部的冲击和自身变异的过程，农村社区内的社会关系日趋复杂化，这必然会对农户的经济行为产生影响。农户之间原有的相互依赖、相互合作的情感基础日益弱化，依靠社区以及社区关系对农户表达其真实需求信息、克服"搭便车"心理的约束逐步弱化，农户有了隐藏自身真实需求的激励。

总之，农村社区以及社区内社会关系的变迁必然会深刻影响农户的需求表达行为。

（三）政府方面的分析

政府对市场的作用，或者是替代，或者是补充。公共产品的需求是依赖市场机制无法自行解决的问题，这需要政府干预来实现。在理想状态下，也就是政府如果能够得到关于公共需求的真实信息，并以公共需求作为自己的目标函数，那么，政府的介入将会使社会上每一个人的效用都增加。但是，如果政府不以公共需求为目标，又或者没有足够的能力获取农户真实需求信息，则公共产品的供给往往达不到理想效果。

1. 政府在农村公共产品供给上有其自身的偏好

政府介入农村公共产品供给过程是与克服市场失灵相关的，关于当前政府行为与农村公共产品供给关系的两个经验事实是：一是农村公共产品的发展与政府在财政承担、动员并组织群众以劳动替代资本方面发挥的作用是分不开的；二是在某些地区，长期以来各级政府尤其是农村基层政府对于公共产品的供给一直处于停滞状态，农民急需且涉及可持续发展的公共产品供给（例如农业技术培训与推广）存在严重的投资不足。这说明了政府在农村公共产品的供给中可能存在机会主义倾向，其目标函数与农户的需求效用函数不相一致，究其原因，应与当前我国政府官员面临的政治激励体制有关。

由于任何政府都是由人组成的，政府职能也是由人去履行的，因此，政府不可避免地具有经济人的性质，其以追求最大化的自身利益为行为准则。在我国特定的政治激励体制下，地方政府官员利益最大化行为的主要激励来自上级政府的考核评价而非居民的"选票"，上级政府会根据观察到的地方政府官员的各种业绩进行相应的奖惩（如职务晋升）。地方政府官员所面临的不同类型的公共产品供给激励强度不同，努力的边际产出也不相同，其将在那些绩效测度较为明确的公共产品上投入更多的努力。因此，也就不难理解为什么地方政府对那些易于作为政绩的"硬"公共产品的投入比那些不易于作为政绩的"软"公共产品的投入要多，以及为什么某些类型的农村公共产品会出现供给不足或供给过剩的现象。在这种情形下，政府在农村公共产品的供给中无法对农户的多样化偏好作出足够和有效的反应，从而造成了公共资源扭曲配置。

2. 政府面临着高额的需求信息搜寻成本

政府掌握农村公共产品偏好的信息不完全，容易造成农村公共产品供给失衡。政府不是万能的洞察者，需要耗费高昂的交易成本才能够获得农户的偏好，进而汇总农户的偏好。政府要弥补这方面的缺陷，必须寻求一些非直接的手段，如通过采访调查与农户进行沟通等，但这需要一定的前提条件：第一，农户群体的规模很小，从而每个人的需求信息可以清楚地预见；第二，群体的存在是稳定的，流动性很差；第三，群体内往往已经形成了某种制度或规则（正式的或非正式的），能够对违约者进行惩罚。然而，在社区范围内，农户群体规模往往很大。由于人数过多，每一个人的行为决策后果的可预见性差，从而在技术上难以判断其是否真实表达了对公共产品的需求信息。在此情况下，对每户农户进行采访调查的交易费用很高。

总之，由于交易费用的存在和"经济人"假设决定了各级政府追求的是经济利益和政治利益的双重目标，其不可能也不愿耗费大量成本用于收集农民的需求信息，并且在财政预算的约束下倾向于提供能够为自己带来最大化利益的公共项目，这些因素的存在影响着农村公共产品供给与需求关系的协调发展。

（四）制度方面的分析

在制定农村公共产品的供给决策中，农户对公共产品的需求意愿不能得到表达和尊重，农村公共产品的供求就会失去均衡。现阶段我国农村公共产品的供给不是根据农村社区和农民生产与生活的需求来决定，而是采取"自上而下"的决策和供给途径，由各级政府决策者根据"政绩"需要安排供给。这种供给决策机制带有很强的行政指令性色彩，其供给总量、供给结构和供给程序都是在没有农民参与的情况下由地方政府以政策或文件的形式下达。这种"自上而下"的农村公共产品供给决策机制只表达了政府单方面的利益诉求，农民的需求表达路径断裂。再加上在现有的制度框架下，村民自治组织，往往是作为执行上级部门命令的组织存在，不能成为农民利益的真正代言人。总的说来，我国现有的农村公共产品供给制度安排还存在缺陷，缺乏能够有机衔接农村公共产品供求关系的具体运作机制。

综上所述可知，在农村公共产品领域，存在如下消极因素：在农户方面，存在农户对公共产品需求显示困境、异质性农户对公共产品的多元化需求；在政府方面，政府在农村公共产品供给上要满足其自身"经济人"偏好、在需求信息搜寻上面临着高额的交易费用；在农村社区方面，农村社区及其社会关系的变迁对农户真实表达需求的约束减弱；在制度方面，有效衔接农村公共产品供需关系的制度安排缺乏。这些因素的存在，对我国农村社区公共产品供给与需求关系的协调发展起着消极作用。

第三节 疑问

受信息不对称的影响，农户对公共产品的需求信息成为其私有知识，政府不易获取，需求信息在供给方与需求方之间分布不对称容易造成农村公共产品供需关系的失调。在信息非对称条件下对农村公共产品供需关系进行分析有着重要的理论与现实意义。笔者构建的信息非对称条件下农村公共产品供需关系均衡模型表明，若要实现农村公共产品供需关系协调发展，取决于两个基本条件：农户的消费效用 U 和需要为此承担的生产成本 Pt 之间的比较以及政府预期农户从消费公共产品中获得的均匀期望效用 $\bar{U}$ 与为农户提供公共产品能够获得的成本补偿率之间的比较。从这两个基本条件我们可以推导出：只有实现政府对农户公共产品消费的期望效用成本与农户对自身的期望效用成本的一致，农村公共产品供需关系均衡才有实现的可能。但在现实生活中，由于要受到来自农户、政府、社区及其社区内社会关系变迁以及公共产品供给制度的制约，农村公共产品供需关系的协调往往只能作为一种理想状态而存在。由此，笔者产生了以下疑问。

疑问一：在信息非对称条件下，如何估计农户对公共产品的需求？

农户对公共产品的需求是客观存在的，我们只有通过对其需求的分析，并总结出反映农村公共产品需求的演化路径与层次，才能以此来指导农村公共产品的供给。由于农村公共产品在消费上难以排他（或是存在高排他成本），具有机会主义倾向的农户总是试图隐瞒自己的真实偏好。因此，要通过何种方法来准确测度农户对公共产品的需求，以消除信息非对称给农村公共产品供需关系均衡带来的消极影响是个难题。

疑问二：农村公共产品供求关系是否可以通过某种机制实现有效衔接？

农村公共产品供需关系之所以会出现失衡，很重要的一个原因是缺乏来自制度方面的支持。如何为农户提供需求表达路径？如何减少政府在公共产品供给中的机会主义行为，使其能够重视农村社区及农户对公共产品的需求？如何降低政府获取农户对公共产品需求信息的交易成本？这些都是我们在研究农村公共产品供求关系中面临的难题。

带着这些疑问，本书将在后面的章节对这些问题作出尝试性解答。

第五章

农村公共产品需求识别及影响因素分析：以生活污水处理设施为例

引　言

本书第四章的论述说明了在信息非对称条件下，若要实现农村公共产品供给与需求关系的协调，应尽量保持政府预期农户从公共产品消费中获得的均匀期望效用与农户预期自身从公共产品消费中获得的期望效用这两者之间的一致。为此，政府有必要考察农户对公共产品的需求，并准确识别影响农户需求的因素。

在国内学术研究中，以农村公共产品需求为研究对象的定量经济学研究并不多见。在国外现有的研究中，尽管可以获得较多关于公共产品需求的文献，在这些文献中，学者们运用各种计量方法（如条件评价法、中位选民模型、资产选择方法、交通成本法等）估计了居民对公共产品的需求，但他们通常没有把农村和城市公共产品区分开，而这两者在中国具有很大差别。因此，运用恰当的方法对中国农村公共产品需求进行定量分析在目前就显得十分重要。

对于缺乏市场属性的公共产品而言，由于不能直接观察到个体相关的市场行为，只能通过模拟市场的方式询问个体对某公共产品的提供有着怎样的支付意愿（王寿兵、王平建、胡泽园、王祥荣，2003）。封闭式条件评价法是用来衡量个体对公共产品支付意愿的有效方法。按照偏好显示理论，个体对某产品的支付意愿（Willingness to Pay，WTP）即代表了他对该产品的需求或偏好。为了更深入地剖析农户对生活污水处理设施的需求状况及其影响因素，我们不仅要探讨农户对该公共产品是否有需求，还应该探讨农户的需求强度如何，而本章的任务是识别农户对生活污水处理设施是否有需求并确认其影响因素，在本书的下一章将对不同支付水平下农户需求强度及其影响因素展开深入研究。

本章以生活污水处理设施这一公共产品为例，以福建省农户为调查对象，运用封闭式条件评价法来识别农户对该公共产品是否有需求。具体地，本章的结构安排如下：首先，简单介绍生活污水处理设施的公共产品属性；其次，回顾了封闭式条件评价法的理论及应用基础，并运用该方法识别了农户的需求；最后，对影响农户需求的因素进行计量分析，以确定有哪些因素影响着农户对生活污水处理设施的需求，各因素的影响程度和方向如何。

第一节　生活污水处理设施的公共产品属性

农村公共产品涉及范围广泛，如果将其视作一个总体来测度农户的需求情况并不现实，我们只能针对某种公共产品的需求情况进行研究。在实证研究过程中，本书选择了农村生活污水处理设施这一公共产品展开分析。从公共产品属性来看，生活污水处理设施具有多层性特点。

首先，它具备纯公共产品的特性，即具有完全的非竞争性和非排他性。其一旦被供给，消费者受到的是平等影响，多一个人或少一个人的消费都不会影响其他人的消费。另外，因生活污水处理所带来的农村环境改善的好处可以为农村社会乃至全社会共享，因此，生活污水处理设施在受益上也是非排他性的。

其次，生活污水处理设施的纯公共产品属性具有相对性。受排他技术的发展、农户对产品外部性评价的变化、农户需求的发展变化以及政府对于供给收益与成本的权衡等因素的影响，该公共产品的属性将会发生变化，即由纯公共产品向准公共产品转变，一定程度上甚至会向私人产品转变。

鉴于上述原因，本书有关生活污水处理设施需求的研究结果对于我们了解其他公共产品的需求起到启发作用。

第二节　封闭式条件评价法与农户需求识别

根据上述可知，生活污水处理设施属于农村环境保护类公共产品的一种，在性质上接近于纯公共产品。纯公共产品由于不存在直接的市场交易，无法用市场价格来反映人们对其的需求信息。根据现有研究文献，封闭式条件评价法（Closed－Ended Contingent Valuation Method，CECVM）是用来衡量人们对公共产品支付意愿的一种非常有效的方法，根据人们的支付意愿，我们就可以从中把握其对公共产品的需求意愿。本书采用封闭式条件评价法来获取农户对生活污水处理设施的支付意愿以识别其需求。

一　封闭式条件评价法的理论基础

CECVM 通过调查农户对生活污水处理设施的支付意愿来获得农户需求或偏好。它假定生活污水处理设施供给状态 q 由 q_0 提高到 q_1，即 $\Delta q = q_1 - q_0$ 时，给定农户一个价格，询问其是否愿意支付。农户依照效用水平维持不变时支出最小化的经济原则作出"买"或是"不买"的决定。既然 CECVM 是通过为农户提供一个"假想市场"来获取农户的支付意愿，那么，我们可以假定农户在这一"假想市场"的经济行为也是一个追求在预算约束下的效用最大化问题，其实我们也可将它看作一个在效用一定下的支出最小化问题。从图 5－1 可以看出，农户购买行为可以看作在预算线一定的情况下，寻找达到无差异曲线最高的一点，即相切之点 (x^*, q^*)。如果我们将无差异曲线 I_2 保持不变，找一条预算线使支出最小，显然也是与 I_2 相切的那一条。

这说明了在农户选择行为中，效用一定情况下成本（支出）最小化与成本（支出）一定情况下效用最大化是一个对偶问题。与效用水平相比，农户支出水平比较容易衡量，所以本书从支出最小化方面来考察农户对生活污水处理设施的支付意愿。

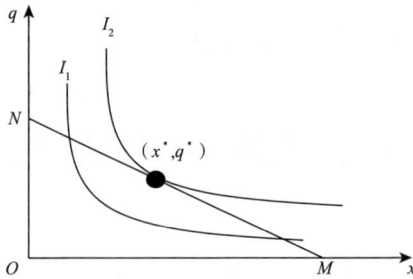

图 5 - 1 效用最大化与成本最小化的对偶性

假定农户的经济行为是追求效用一定下的支出最小化。农户对各种私人产品和公共产品具有消费偏好，其对私人产品的消费用 n 维向量 $x = (x_1, \cdots, x_n)$ 表示，公共产品用 q 表示，个人在一定的收入约束下满足效用最大化的条件为：

$$\max u(x,q) \tag{5.1}$$

间接效用函数的形式为 $v(p,q,y)$，即有：

$$v(p,q,y) = \max u^*(x^*, q^*) \tag{5.2}$$

$$s.\,t.\, px \leqslant y$$

式（5.2）中私人产品的价格以 n 维向量 $p = (p_1, \cdots, p_n)$ 表示，y 表示个人的预算收入。

此时，可得到与间接效用最大化函数对偶的最小支出函数为：

$$m(p,q,u) = \min p x^* \tag{5.3}$$

$$s.\,t.\, u^*(x^*, q^*) = u^*$$

式（5.3）表示农户在一定效用水平 u^* 下，面临一组私人产品 x 及其价格 p、生活污水处理设施供给水平 q 选择时所愿意支付的最小支出。假定 p 和 y 不变，若生活污水处理设施 q 的供给状况从 q_0 变化到 q_1，并有 $q_1 > q_0$，此时，若要维持个人的效用 u^* 不变，其间接效用函数可表示为：

$$v^*(p, q_1, y - c) = v^*(p, q_0, y) \tag{5.4}$$

式（5.4）中的 c 为补偿变化值，它是当 q 从 q_0 变化到 q_1 之后，减少个人 c 单位的收入而效用维持不变时所推导的个人所愿支付的货币数量，这也是 CECVM 调查试图引导的回答者个人的支付意愿（WTP）。因此，式（5.4）也可以表示为：

$$v^*(p, q_1, y - WTP) = v^*(p, q_0, y) \tag{5.5}$$

与间接效用最大化函数式（5.5）对偶的最小支出函数为：

$$WTP(p, q_0, q_1, y) = m(p, q_0, u^*) - m(p, q_1, u^*) \tag{5.6}$$

通过以上理论分析，我们可以知道，采用 CECVM 询问农户对生活污水处理设施支付意愿时，农户针对某一给定的价格 E ［其中价格 E 以 n 维向量 $E = (E_1, \cdots, E_n)$ 表示］，基于成本 - 收益分析作出是否购买的选择。这可用式子表达为：

$$\text{农户是否愿意支付} = \begin{cases} \text{是，当 } m(p, q_0, u^*) - m(p, q_1, u^*) \geq E_i \\ \text{否，当 } m(p, q_0, u^*) - m(p, q_1, u^*) < E_i \end{cases} \tag{5.7}$$

在 CECVM 调查中，农户对生活污水处理设施的支付意愿的选择是农户在效用既定不变的情况下追求支出最小化的结果，它以货币的形式反映了这一公共产品供给量的增加对农户福利的影响，从而反映了农户对其的需求或偏好。

二　封闭式条件评价法的应用基础

（一）问卷调查内容设计

本研究的问卷设计是在预调查基础上确定下来的。预调查是一个重要环节，通过预调查对问题顺序作出理性调整、对专业问题简单化、对支付意愿等敏感问题采用更合适的激励相容机制等（赵军、杨凯，2006）。本研究在预调查中主要采用了开放式问题格式询问农户的支付意愿，在此基础上形成了问卷支付意愿的起始价格与数值范围、变化间隔。在对预调查问卷设计特别是与支付意愿有关问题的合理性、可理解性、有效性进行了检验之后，根据检验结果对问题进行了调整。最终的调查问卷主要由五个主要部分构成。

第一部分，对福建省农村生活卫生环境问题进行详细描述。根据具体情况和研究目的，笔者在问卷中向农户翔实地描述了农村生活卫生环境现状以及提供生活污水处理设施的用途。

第二部分，对农户所在社区特征方面的调查。主要包括村庄是否属于环境敏感村、是否地处城镇郊区以及村庄卫生环境管理制度与建设规划的制定情况等。

第三部分，对农户个体与家庭特征方面的调查。主要包括农户年龄、家庭纯收入、受教育年限、职业、外出务工或经商经历、家庭人口数以及家庭是否使用改善环境设施等情况。

第四部分，对农户关于生活污水处理态度等心理因素方面的调查。主要包括农户在生活污水处理上所体现的态度、对生活污水处理的行为产生结果的判断、来自社区及社区内其他成员的主观规范、农户关于生活污水处理设施建设方面的信息认知等。

第五部分，对农户生活污水处理设施支付意愿的调查。

（二）支付意愿问题格式

CECVM 的有效性与问卷设计的好坏直接相关，问卷设计的好坏又与问卷设计者选择的问题格式直接相关。本书采用多边界封闭式二分选择问题格式来获取被调查农户的最大支付意愿值。这一问题格式并不提供最大支付意愿的直接估计值，农户仅被要求就给定的最大支付意愿回答"是"或"不是"。由于这一问题格式模拟了消费者熟悉的市场定价行为，受访者只需针对某一假定的价格决定买还是不买（张志强、徐中民、程国栋，2003），从而避免了在开放式问题格式中受访者需要自己估计确切的最大支付意愿值的困难。它同样还可以避免连续投标问题格式中因起始点投标价格对受访者所产生的误导而引起的起点偏差问题。

封闭式二分选择问题格式在由 Bishop 等人（1979）引入 CVM 研究并由 Hanemanne 建立二分式选择与支付意愿之间的函数关系之后得到了广泛应用（张志强、徐中民、程国栋，2003）。美国国家海洋和大气管理局

（National Oceanic and Atmospheric Administration，NOAA）将二分选择问题
格式推荐为 CVM 研究的优先问题格式（Loomis，Kent & Strange，et al.，
2000）。多边界二分选择问题格式作为二分选择问题格式较新的变种，能
提供有效率的估计参数，并能准确地界定受访者的支付意愿范围（宁满秀
等，2006）。

　　本书采用多边界封闭式二分选择问题格式来询问农户对生活污水处理
设施的支付意愿，对于农户支付意愿的获取是通过多次反复追踪询问方式
得来的。在问卷设计中，这一反复追踪询问方式又可分为三种类型：单向
递增式、单向递减式和双向式（Herriges & Shogren，1996）。具体如图 5 –
2、图 5 – 3、图 5 – 4 所示。

　　图 5 – 2 表示的是单向递增式询价类型。它从一个非零的起始价格水平
上开始询问，在图中用 B_1 表示。如果受访者在 B_1 水平上回答"否"，则表
示其不愿意接受该价格，此时停止询问，受访者的支付意愿属于 $[0，B_1)$
区间。如果受访者在 B_1 水平上回答"是"，将价格提高至 B_2，受访者回答
"否"，同样停止询问，受访者的支付意愿落在 $[B_1，B_2)$ 区间。如果受访
者在 B_2 水平上仍回答"是"，再将价格提高至 B_3，受访者若拒绝接受该价
格，则其支付意愿落在 $[B_2，B_3)$ 区间；若接受该价格，则其支付意愿落
在 $[B_3，+\infty)$ 区间。[①] 至此，无论受访者回答"是"还是"否"，均停
止继续追问其支付意愿。

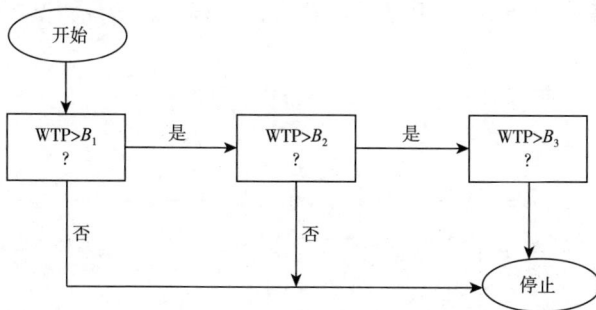

图 5 – 2　单向递增式问卷设计格式

资料来源：Joseph，A.，Herriges & Jason，F.，Shogren，"Starting Point Bias in Dichotomous Choice
Valuation with Follow – Up Questioning"，*Journal of Environmental Economics and Management*，1996，30
(1)：112 – 131。

―――――――――

① 受访者支付意愿区间 $[B_3，+\infty)$ 要受到个人预算收入的约束。

图 5-3 表示的是单向递减式询价类型。与单向递增式询价类型相反，它首先从一个最高起始价格水平上开始询问，在图中用 B_3 表示，如果受访者接受这一价格，就停止询问，并得到受访者的支付意愿位于 $[B_3, +\infty)$ 区间。如果受访者拒绝这一价格，则将价格降低至 B_2，若受访者愿意支付这一价格，可得到其支付意愿位于 $[B_2, B_3)$ 区间，并停止询问。如果拒绝，再进一步将价格降至 B_1，受访者若愿意接受这一价格，这说明其支付意愿位于 $[B_1, B_2)$ 区间；若受访者拒绝，这说明其支付意愿位于 $[0, B_1)$ 区间，同时提问到此结束。

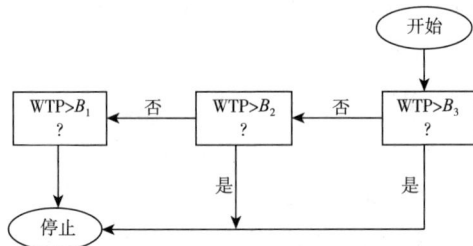

图 5-3　单向递减式问卷设计格式

资料来源：Joseph, A., Herriges & Jason, F., Shogren, "Starting Point Bias in Dichotomous Choice Valuation with Follow-Up Questioning", *Journal of Environmental Economics and Management*, 1996, 30 (1)：112-131。

图 5-4 描述了双向式询价类型。它要说明的是，先从一个较高的起始价格水平 B_2 上询问受访者是否愿意支付，如果受访者接受，继续询问其在更高的支付水平（如 B_3）上是否愿意支付，若愿意，说明其支付意愿落入

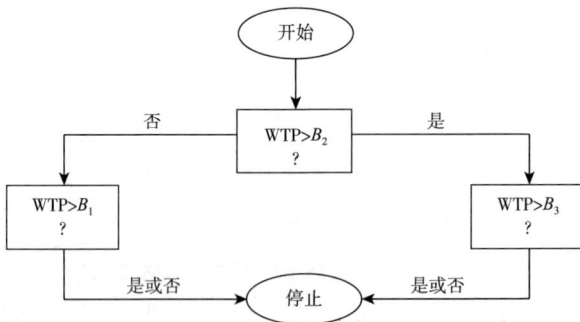

图 5-4　双向式问卷设计格式

资料来源：Joseph, A., Herriges & Jason, F., Shogren, "Starting Point Bias in Dichotomous Choice Valuation with Follow-Up Questioning", *Journal of Environmental Economics and Management*, 1996, 30 (1)：112-131。

$[B_3, +\infty)$ 区间，若不愿意，则说明其支付意愿落在 $[B_2, B_3)$ 区间，至此结束提问。如果受访者对于起始价格 B_2 不接受，则继续询问其在更低的支付水平（如 B_1）是否愿意支付，若愿意，表明其支付意愿落在 $[B_1, B_2)$ 区间，若不愿意，表明其支付意愿落在 $[0, B_1)$ 区间，同样提问至此结束。

上述分析表明，无论采用何种询价方式，调查者均可获得一致的受访者支付意愿区间。由于农村生活污水污染这一环境污染问题是大部分农户能切身感受到的，因此，笔者采用了单向递增多边界封闭式二分选择问题设计格式，具体设计格式如图 5 - 5 所示。

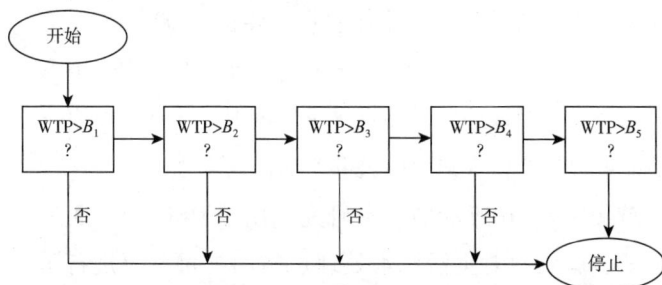

图 5 - 5　单向递增多边界封闭式二分选择问卷设计格式
资料来源：本研究归纳整理而得。

在图 5 - 5 中，对农户生活污水处理设施支付意愿进行询问的起始价格从 B_1 开始，并有 $B_1 < B_2 < B_3 < B_4 < B_5$。如果农户在 $B_1 = 100$ 元的起始价格水平上不愿意支付，其支付意愿位于 $[0, 100)$ 区间；若愿意，继续询问其"由于生活污水处理设施耗费成本巨大，为了让设施建设工程顺利进行，如果需要您家支付更高的金额，例如在 $B_2 = 150$ 元水平上是否愿意支付"，如不愿意，其支付意愿位于 $[100, 150)$ 区间；若愿意，则继续询问其在 $B_3 = 200$ 元水平上是否愿意支付，如不愿意，其支付意愿位于 $[150, 200)$ 区间；若愿意，基于同样的理由，继续追问其在 $B_4 = 250$ 元水平上是否愿意支付，如不愿意，其支付意愿位于 $[200, 250)$ 区间；若愿意，更进一步追问其在 $B_5 = 300$ 元水平上是否愿意支付，如不愿意，其支付意愿位于 $[250, 300)$ 区间；若愿意，其支付意愿位于 $[300, +\infty)$ 区间。至此，无论农户是否愿意支付更高的费用，均结束提问。由此，我们可以发现，农户的支付意愿必然是落在 $[0, 100)$、$[100, 150)$、$[150, 200)$、$[200, 250)$、$[250, 300)$、$[300, +\infty)$ 这几个区间内。

三　农户需求识别

由前述可知，对农户需求的估计是通过调查农户的支付意愿而得。本研究采用单向递增多边界封闭式二分选择问题格式对农户进行问卷调查，农户的回答并不直接是一定数量的金钱，而是针对某些给定的金钱数量回答"是"或"不是"。本研究对农户的支付意愿进行询问的起始价格是从 $B_1 = 100$ 元开始，如果农户在 $B_1 = 100$ 元的起始价格水平上不愿意支付，我们就可以认为农户对公共产品没有需求；若愿意支付，则认为其对公共产品有需求，并在此基础上继续询问。个体农户只要在 ［100，150）、［150，200）、［200，250）、［250，300）、［300，＋∞） 这 5 个区间的任一区间表现出支付意愿，均可视作农户对该公共产品有需求。同时，个体农户的各支付意愿数值分布范围即可视作个体农户对该公共产品的需求强度。

总之，就像图 5 - 6 所示的，本研究采用了 CECVM，通过单向递增二分式询价方式，就农户对生活污水处理设施的支付意愿进行了调查。根据所获得的农户支付意愿数值范围，我们不仅可以了解农户对该公共产品是否有需求，还可以估计农户对该公共产品的需求强度。

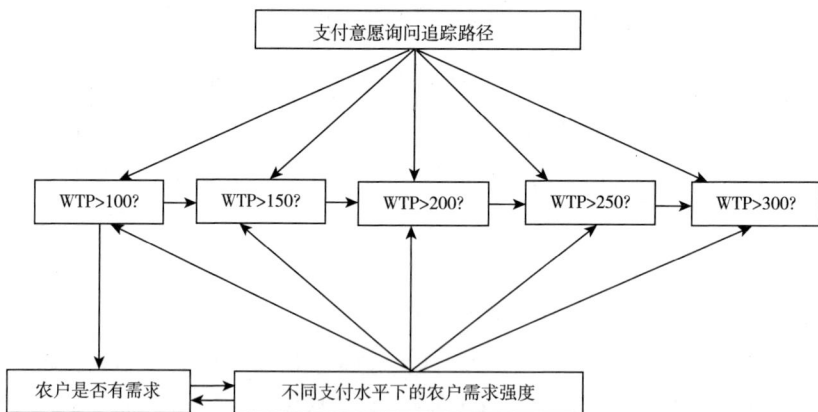

图 5 - 6　农户需求及需求强度获取路径[①]

①在农户支付意愿询问过程中，如果农户在 WTP > 100、WTP > 150、WTP > 200、WTP > 250、WTP > 300 这 5 个阶段中的任一阶段作出否定回答，就结束询问。

资料来源：本研究归纳整理而得。

第三节　农户需求及影响因素的计量分析

本节试图通过计量模型对影响农户需求意愿的因素进行分析。根据图 5-7 所描述的农户需求影响因素理论框架，笔者将探讨影响农户需求的因素有哪些，其影响方向和程度又是怎样的。

一　影响农户需求的理论假设

根据艾肯·勒维斯（2008）等人的态度-行为理论可知，影响人的行为的主要因素有以下几个方面。一是个人外在因素，包括个人的家庭、受教育情况，个人的工作经验与生活经验等。二是自然环境因素，包括地区的自然条件或资源禀赋状况等。三是社会环境因素，包括政治、经济、法律、伦理环境等。四是人的心理因素，包括人对行为对象的态度感知等。人的心理因素要受到其他家庭或邻居、亲朋好友的引导和劝说、社区其他群体的压力（按照计划行为理论，这一影响通常被称为人的行为主观规范）、对行为对象的信息认知以及个人对于污水处理所产生的结果的判断等方面的影响。研究人的行为，就必须综合考虑上述各种因素对人的行为的影响。

借鉴相关研究文献，并结合上述分析，本研究假定直接影响农户需求的特征变量包括农户个人、家庭特征，农户所属村庄的特征，政策、制度以及农户在生活污水处理上所体现的态度这四类。另外，农户对污水处理所持的态度（以下简称农户态度）还要受到农户对污水处理所产生结果的判断（以下简称结果判断）、农户行为的主观规范（以下简称主观规范）以及关于生活污水处理设施建设方面的信息认知（以下简称信息认知）等方面的影响，具体内容详见图 5-7。

在图 5-7 中各种类型变量之间的关系均已用箭头标明。图中的实线箭头表明变量（如农户个人、家庭特征，村庄特征，政策、制度）直接对农户需求产生影响，虚线箭头表明农户的结果判断、主观规范、信息认知等变量通过影响农户态度来间接地影响农户需求。

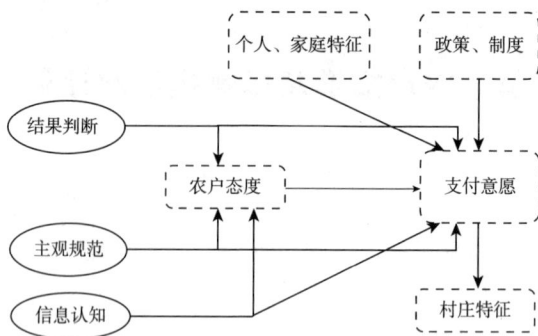

图 5 - 7　农户需求影响因素理论框架

（一）农户个人和家庭特征

农户个人和家庭特征在很大程度上决定着农户需求。在现有研究文献中，国内外学者一般将反映个人及其家庭特征的变量如年龄、种族、性别、就业类型、就业情况、家庭纯收入等作为公共产品需求影响变量进行显著性估计。因此，本书在对农村生活污水处理设施需求研究中，采用了农户的年龄、受教育年限、职业、外出务工或经商经历、家庭纯收入、家庭人口数等指标来评价农户个人及家庭特征。据此，本书作出如下假设：①农户受教育年限对其需求有正向影响；②农户的外出务工或经商经历对其需求有正向影响；③农户家庭纯收入对其需求有正向影响；④农户的年龄、职业对农户需求的影响具有不确定性。

（二）农户所属村庄特征

地区自然条件或资源禀赋状况对农户需求行为起着约束作用。如孔祥智、涂圣伟（2006）以农田水利设施为例探讨了影响农户需求的因素，结果发现村庄特征对农户需求有着十分显著的影响。何忠伟等人（2007）的研究结果也表明，居住地变量与居民对京北水资源的支付意愿之间有着正相关关系。基于以上研究，本研究采用了村庄是否属于环境敏感村以及是否地处城镇郊区这两个指标来描述农户所居住的村庄特征，并作出如下假设：①地处环境敏感村与农户需求呈正相关关系；②地处城镇郊区与农户需求呈正向关系。

（三）政策、制度

政策、制度等政治变量也会影响农户对农村生活污水处理设施的支付意愿。Bergstrom、Rubinfeld & Shapiro（1982）在研究影响家庭对地方公共教育需求的因素时就引入了一些政治变量。因此，本书假设农村卫生环境管理制度对农户需求起着一种正面的激励作用。

（四）农户态度及其影响因素

根据态度－行为理论，农户的经济行为或活动除了要受到农户的个人和家庭特征，农户所属的村庄特征，政策、制度等因素影响之外，还要受到农户态度的直接或间接影响，而农户态度的影响因素又包括主观规范、信息认知、结果判断等。

1. 农户态度

农户态度反映了农户对生活污水处理设施这一公共产品的看法和评价，它属于一种心理因素。在行为经济学模型中，态度等心理因素是影响农户经济行为或决策的主要因素。在 CVM 研究中，Jorgensen、Wilson、Heberlein（2001）基于微观调查数据，运用测量模型考察了人们对公共产品（例如生物多样性、水质量、猎狼）的态度与其需求之间的相关性。由此可见，农户对生活污水处理设施的需求意愿与其态度密切相关，积极的、正面的态度可以诱发农户对该公共产品的需求，消极的态度则会产生相反的效应。农户对于生活污水处理所持的态度反映了农户对当前农村生活污水处理设施的评价及其需求倾向。例如，当农户倾向于认为污水污染问题会危及自我生存及其收入提高时，就会对生活污水处理设施有一个正面的态度，这样农户更有可能对其形成需求，反之则相反。因此，本书假设农户态度与其需求呈正相关关系。

2. 影响农户态度的因素

（1）结果判断。从有限理性"经济人"这一假设出发，基于农村社区的逻辑语境，我们可以推断农户的经济行为并非完全出自自身利益最大化的精密计算，在一定程度上也出自对其所在的社区及社区内其他成员福利增进的关心。在此情形下，如果农户判断这一公共产品能为自身及其所关心的社区成员带来利益，会据此决定或改变自己的态度；反之则相反。因此，本书假设农户关于污水处理所产生结果的判断影响着农户的态度，从而间接影响着农户对生活污水处理设施的支付意愿。

（2）主观规范。农村社区是一个以血缘、亲缘关系为人际关系资源禀赋的熟人社会，格兰诺维特（Granovetter，1985）认为人的经济行为会嵌入在其所生活的社会网络之中。由此，我们可以认为农户态度的形成要受到与农户有重要关系的社会成员，例如家庭成员、重要亲戚、与之来往密切的社区其他成员、村集体组织以及政府等的直接或间接影响，农户所感受到的这种影响被国外学者 Ajzen、Fishbein（1980）称为主观规范，他们将主观规范定义为一个人在做出某种行为时感受到的来自社会的外界的压力。因此，本书假设农户的主观规范影响着农户态度。

（3）信息认知。在信息不充分条件下，农户态度还要受到关于生活污水处理设施的一些信息资源，包括该公共产品的生产成本、生产成本分摊机制、劳动力与资金的可获得情况等的约束。农户对这些信息的认知情况如何将影响农户态度，从而影响其对这一公共产品的需求。因此，本书假设农户信息认知程度影响着农户态度。

由于农户对生活污水处理设施的需求是诸多因素共同作用的结果，本章后面的内容将在农户微观调查数据的基础上，确定有哪些因素影响着农户的需求、这些因素的影响程度及方向如何。

二　模型选取及变量定义

（一）模型选取

根据本书的理论假设，农户对生活污水处理设施的需求，不仅会受到农户个人或家庭特征变量的影响，也会受到村庄特征、政策与制度变量的影响，同时还会受到农户态度变量的影响。影响农户需求意愿的因素可采用上述这些特征变量来作为其解释变量。农户在 $B_1 = 100$ 元的起始价格水平上"是否有需求"可作为模型的因变量，由于该因变量是一种离散变量，因此需要建立适当的计量经济模型来定量，而 Logistic 模型是在 CECVM 研究中得到广泛应用的一种模型，依据上述分析，本书通过建立 Logistic 模型来确认影响农户对生活污水处理设施需求的因素。

在 Logistic 模型中，作为因变量 Y 的取值含义为:

$$Y = \begin{cases} 1:事件发生 \\ 0:事件不发生 \end{cases}$$

具体地,在本书中,作为因变量 Y 的取值含义可表示如下:

$$Y = \begin{cases} 1:表示农户对生活污水处理设施有需求 \\ 0:表示农户对生活污水处理设施没有需求 \end{cases}$$

由此可见，因变量 Y 服从二项分布，其二项分类的取值为（0，1），设 $Y = 1$ 的总体概率为:

$$Y_i = f(X_{ij}, W_i, \beta) \exp(v_i - u_i) \tag{5.8}$$

$$P(Y = 1 \mid X_1, X_2, \cdots, X_n) = \frac{\exp(\beta_0 + \beta_1 X_1 + \beta_2 X_2 + \cdots + \beta_n X_n)}{1 + \exp(\beta_0 + \beta_1 X_1 + \beta_2 X_2 + \cdots + \beta_n X_n)}$$
$$= \frac{1}{1 + \exp[-(\beta_0 + \beta_1 X_1 + \beta_2 X_2 + \cdots + \beta_n X_n)]} \tag{5.9}$$

既然 P 为事件 $Y = 1$ 发生的概率，$1 - P$ 就是 $Y = 1$ 不发生的概率:

$$1 - P = 1 - \frac{\exp(\beta_0 + \beta_1 X_1 + \beta_2 X_2 + \cdots + \beta_n X_n)}{1 + \exp(\beta_0 + \beta_1 X_1 + \beta_2 X_2 + \cdots + \beta_n X_n)}$$
$$= \frac{1}{1 + \exp[-(\beta_0 + \beta_1 X_1 + \beta_2 X_2 + \cdots + \beta_n X_n)]} \tag{5.10}$$

那么，事件 P 发生的概率与事件不发生的概率之比为:

$$\frac{P}{1 - P} = \exp(\beta_0 + \beta_1 X_1 + \beta_2 X_2 + \cdots + \beta_n X_n) \tag{5.11}$$

该概率之比称为事件的发生比（the odds of experiencing an event），简称 odds。将此二者的比数 $\frac{P}{1 - P}$ 取自然对数，得到了概率函数与解释变量之间的线性表达式，我们可将这一表达式称为 P 的 Logistic 转换:

$$LogitP = \ln\left(\frac{P}{1 - P}\right) = \beta_0 + \beta_1 X_1 + \beta_2 X_2 + \cdots + \beta_n X_n + \varepsilon \tag{5.12}$$

公式（5.12）即为 Logistic 回归模型，事实上公式（5.8）与（5.11）可以互相推导，它们是相互等价的。在公式（5.12）中，参数 β_0 为常数项，表示解释变量取值全为零时，比数（$Y=1$ 与 $Y=0$ 的概率之比）的自然对数值，X_j 为解释变量，参数 β_j 是 X_j（$j=1, 2, \cdots, n$）对应的偏回归系数，表示当其他解释变量取值保持不变时，该解释变量取值增加一个单位引起比数比自然对数值的变化量，ε 是随机误差项，它服从二项分布。

在本研究中，事件的发生比是指农户对生活污水处理设施有需求和没有需求之比（用 P 表示），预期影响农户需求的变量参见前面理论假设部分，因此，本研究中的 Logistic 模型可具体表示为：

$$Logit P = \beta_0 + \beta_1 X_1 + \beta_2 X_2 + \beta_3 X_3 + \beta_4 X_4 + \beta_5 X_5 +$$
$$\beta_6 X_6 + \beta_7 X_7 + \beta_8 X_8 + \beta_9 X_9 + \varepsilon \tag{5.13}$$

（二）变量定义

模型的因变量 Y 表示农户对生活污水处理设施有需求或是没有需求，解释变量主要包括农户个人、家庭特征变量，农户所处村庄特征变量，政策、制度变量以及农户态度变量，具体变量说明如表 5-1 所示。

表 5-1　农户需求及影响因素的 Logistic 模型变量定义

变量名称		变量定义	系数符号预期
因变量（Y）		1 = 有；0 = 没有	
个人、家庭特征	年龄（X_1）		?
	农户是否以农业为主要职业（X_2）	1 = 是；0 = 否	?
	受教育年限（X_3）		+
	外出务工或经商经历（X_4）	1 = 有；0 = 无	+
	家庭纯收入（$^*\ell n X_5$）		+
农户所处村庄特征	村庄是否为环境敏感村（X_6）	1 = 是；0 = 否	+
	村庄是否为城镇郊区（X_7）	1 = 是；0 = 否	+
政策、制度	村庄是否制定卫生环境管理制度（X_8）	1 = 是；0 = 否	+
农户态度	农户态度（$^*X_9$）		+

＊在计量分析中，按照经验对收入变量取对数，以消除异常观测的敏感度（孔祥智、涂圣伟，2006）；自变量农户态度将用因子分析后的新因子替代，其值也由新因子值替代。

三 样本数据描述性统计分析

Logistic 模型分析中所采用的样本数据主要是来自笔者于 2007 年 12 月～2008 年 1 月对福建省 8 个地区 11 个县（市）16 个乡镇 32 个行政村（详见表 1-1）的农户、村干部进行的随机抽样问卷调查。关于样本的具体数据获取方式详见书第一章第六节。

（一）农户需求的总体分布情况

根据问卷调查结果，农户对生活污水处理设施的需求意愿分布情况如表 5-2 所示，占调查总户数 71.5% 的 218 家农户愿意为农村生活污水处理设施的使用支付费用；占 28.5% 的农户持相反的观点。由此可以发现，农户对农村生活污水处理设施的需求不一，基于此，就很有必要进一步研究影响农村生活污水处理设施需求意愿的因素。

表 5-2 农户需求的分布情况

指标	农户需求（$B_1 \geq 100$ 元）的分布情况		
	有需求	没有需求	合计
样本数（户）	218	87	305
占比（%）	71.5	28.5	100.0

数据来源：作者根据调查数据整理与测算而得。

（二）农户个人和家庭特征分析

本书试图将反映农户个人和家庭特征的变量纳入分析，它们包括农户的年龄、受教育年限、职业、外出务工或经商经历、家庭纯收入等 5 个指标。根据笔者的调查结果可知，受访者的年龄主要集中在 20～60 岁，平均年龄约为 43 岁。农户对于环境污染问题的认知与其所受教育年限密切相关。对农户受教育年限统计结果显示，有 58.7% 的农户接受过 9 年及 9 年以上教育，所占比重较大。为了进一步分析受教育年限对农户需求的影响，我们将样本农户按受教育年限进行了分组，分别划分为 "6 年以下"、"6～9 年"、"9～12 年" 和 "12 年以上"。

根据表5-3，我们可以初步推断农户受教育年限越高，越愿意为生活污水处理设施支付起始费用。在2007年有效样本农户中，曾经有外出务工或经商经历的农户所占比例为40.2%。在这123个农户中，愿意为生活污水处理设施支付给定费用的农户所占比例为75%，同时，结合调查结果，可以发现这部分农户多数流向大、中城市，如北京、上海、广州、福州等，其外出务工或经商时间也较长，达3年以上。

表5-3 农户受教育年限与其需求的分布情况

变量		6年以下		6~9年		9~12年		12年以上	
		支付	不支付	支付	不支付	支付	不支付	支付	不支付
样本数（个）		8	11	72	35	108	37	30	4
占比（%）		42.1	57.9	67.3	32.7	74.5	25.5	88.2	11.8
总计	样本数（个）	19		107		145		34	
	占比（%）	6.2		35.1		47.5		11.1	

数据来源：作者根据实地调查数据整理与测算而得。

已有研究表明，农户家庭收入是影响农户对某一公共产品需求的重要因素。笔者在此重点考察了农户家庭纯收入的高低对农户生活污水处理设施需求意愿的影响。为了描述性分析的方便，本书将样本农户按收入进行了分组，分别划分为7个区间"5000元以下"、"5000~10000元"、"10000~20000元"、"20000~30000元"、"30000~40000元"、"40000~50000元"及"50000元及以上"。从2006年样本农户家庭人均收入的分布情况看，家庭纯收入在10000~30000元的农户占半数以上，这与福建省2006年农户家庭收入水平基本保持一致。家庭年纯收入为10000元以下和50000元以上的农户所占比例较少。农户家庭纯收入具体分布结果请见表5-4。

表5-4 2006年样本农户家庭纯收入分布情况

指标	0.5万元以下	0.5万~1万元	1万~2万元	2万~3万元	3万~4万元	4万~5万元	5万元及以上	合计
样本数（个）	3	27	96	82	38	27	32	305
占比（%）	1.0	8.9	31.5	26.9	12.5	8.9	10.5	100.0

数据来源：作者根据实地调查数据整理与测算而得。

根据样本统计分析结果,农户家庭纯收入均值为 31208 元。其中,愿意为生活污水处理设施支付给定费用的农户家庭纯收入的均值为 35756 元,不愿意付费的农户家庭纯收入的均值为 26661 元。为了衡量农户家庭纯收入水平的变化与其需求之间是否存在内在关联性,要对家庭纯收入水平与农户需求进行相关分析。按照需求理论,农户需求在很大程度上取决于其收入水平,因而本书在此采用相关系数来衡量农户需求与其家庭纯收入水平之间的相关程度,由表 5 - 5 可知,农户家庭纯收入水平和需求的相关系数为 0.908,说明两者间具有很强的相关性。

表 5 - 5　农户家庭纯收入水平[①]与其需求的相关系数分析

项目	参数	家庭纯收入	需求
家庭纯收入	Pearson 相关系数	1	0.908 * *
	Sig. (2 - tailed)		0.000
	N	305	305
需求	Pearson 相关系数	0.908 * *	1
	Sig. (2 - tailed)	0.000	
	N	305	305

* * 表示相关系数双尾检验在 0.01 水平上显著。

综上所述,我们可以初步判断农户家庭纯收入与农户需求之间有着很强的正相关关系。此外,农户当前所从事的职业也有可能影响到农户的需求,本书将农户职业分为"从事农业为主"与"从事非农业为主"两种情况进行分析。

(三) 农户所处村庄特征分析

农户的经营活动主要是在村庄范围内进行的,这决定了农户经济行为与村庄环境具有很强的关联性,也决定了农户的支付意愿要受到村庄内各

---

① 在做相关系数分析时,本书根据农户家庭纯收入分组情况,将"5000 元以下"赋值为 1、"5000 ~ 10000 元"赋值为 2、"10000 ~ 20000 元"赋值为 3、"20000 ~ 30000 元"赋值为 4、"30000 ~ 40000 元"赋值为 5、"40000 ~ 50000 元"赋值为 6 及"50000 元及以上"赋值为 7。

种因素的影响。本研究主要考虑农户所属村庄地理环境以及是否地处城镇郊区这两个变量对农户需求行为的影响。其中，村庄地理环境用是否地处环境敏感村①来衡量。一般认为，居住在环境敏感村的农户更有可能对生活污水处理设施形成需求。

按照上述思路，本研究对农户所属村庄是否为环境敏感村做了调查，并将环境敏感村细分为五种类型，具体包括沿江（主要指闽江、九龙江、晋江）流域周边村，水库库区周边村，历史文化名村，旅游景点村，国道、沿高速公路周边村。结果显示，有 17 个村庄 157 户农户居住在环境敏感村，在这部分农户中，有 79.6% 的农户有需求；与此相比，在居住在普通村庄的 148 户农户中，仅有 63.5% 的农户有需求。用来反映村庄特征的另一个指标是农户所属村庄是否地处城镇郊区，样本统计分析结果表明了居住在城镇郊区的 80 户农户中有 80.37% 的农户有需求，而居住在非城镇郊区的 225 户农户仅有 68.89% 的农户有需求。

（四）政策、制度因素分析

政府颁布的政策、制度经常会对农户的经济行为起着引导作用。鉴于此，笔者在问卷调查中设计了这么一个问题："您村是否制定有环境卫生管理制度？"根据笔者的调查统计结果，有 77.7% 的农户反映他们所在的村庄制定有农村卫生环境管理制度。我们采用观察频数法来考察这一制度因素与农户的需求之间的相关关系，计算结果如表 5 - 6 所示。

表 5 - 6　农村环境管理制度与农户需求的观察频数

单位：户

	需求		合计
	有	没有	
制定有农村环境管理制度	187	50	237
没有制定环境管理制度	31	37	68
合计	218	87	305

资料来源：作者根据实地调查数据整理与测算而得。

---

① 此处的环境敏感村是指与普通村庄相比，对环境质量有着更高要求的村庄。

根据表 5-7 可知，有无制定农村环境管理制度对农户的需求意愿是有差异的，制定有农村环境管理制度的村庄的农户倾向于为农村生活污水处理设施支付起始费用，没有制定农村环境管理制度的村庄的农户这种倾向表现得较弱。

表 5-7　农村环境管理制度与农户需求的比例

单位:%

	需求		合计
	有	没有	
有制定农村环境管理制度	0.79	0.21	100
没有制定环境管理制度	0.46	0.54	100

资料来源:作者根据实地调查数据整理与测算而得。

(五) 农户态度等心理因素分析

农户态度、结果判断、主观规范以及信息认知等因素属于心理变量，无法直接观测，只能通过多维指标来反映。本书运用五点李克特量表 (Likert scale) 进行测量。以下分别对这些因素进行统计分析。

1. 农户态度的统计分析[①]

农户态度的测量包含 3 个问题条目，各个条目的内容及其定义列于表5-8。

表 5-8　农户态度测量条目内容及其定义

问 题 条 目	问 题 条 目 定 义
1. 我认为我村环境卫生污染问题比较严重，这与我村缺少生活污水处理设施有关 (X_1) 2. 生活污水处理设施对我来说很重要 (X_2) 3. 与其他种类公共产品相比，目前我更希望获得生活污水处理设施 (X_3)	1 = "不同意"；2 = "有点不同意"；3 = "一般"；4 = "有点同意"；5 = "同意"

① 为了后面 Logistic 回归分析的需要，本节在此先对农户态度这一心理因素变量进行因子分析，并提取新因子。

这 3 个测量项目经相关性检验[①]，其相关系数显示了上述 3 个项目相互之间分别具有显著或比较显著的相关关系。同时这 3 个测量项目经信度分析，其 Cronbach'α 系数等于 0.777，高于 0.70。这一结果说明经过样本一致性检验，测量项目具有较好的内容信度，这 3 个测量条目各自从不同的角度测量了农户对生活污水处理所持的态度。

农户态度测量条目问题的回答的统计性描述详见表 5－9。从表 5－9 中可以看出，项目"我认为我村环境卫生污染问题比较严重，这与我村缺少生活污水处理设施有关"平均值为 4.20，这表明了绝大多数被调查农户都意识到了自己所住村庄居住环境较差，同时他们也都意识到了生活污水处理设施的重要性。项目"生活污水处理设施对我来说很重要"平均值为 3.31，这表明了生活污水处理设施这一公共产品在农户心目中不占有重要地位。项目"与其他种类公共产品相比，目前我更希望获得生活污水处理设施"平均值为 3.21，这表明了在现阶段，多数农户对于能否获得生活污水处理设施这一公共产品均持无所谓态度。从 3 个测量项目的平均值来看，其平均得分为 3.57，这说明了尽管农户已经意识到了生活污水污染问题，但他们对于改变这一现状的愿望并不强烈。

表 5－9　农户态度测量条目回答的描述分析

变量项目	最小值	最大值	平均值	标准差
X_1	3	5	4.20	0.50
X_2	2	5	3.31	1.05
X_3	1	5	3.21	1.24
平均值	2	5	3.57	0.93

资料来源：本研究计算整理而得。

前述分析结果表明，可对农户态度这一变量进行因子分析，采用主成分分析法对 3 个测量项目进行因子分析，结果[②]表明，从上述 3 个测量项目找出了一个公共因子 F_1，它可以大体上反映有关农户对生活污水处理所持态度的综合信息，把得到的这一新因子作为自变量，根据其在各个案例（$N = 305$）的得分值就可以做回归分析。

---

① 具体分析结果见附录 1。
② 农户态度变量具体因子分析结果见附录 1。

2. 结果判断的统计性描述与分析

人不仅是孤立的人,还是社会的人。正因如此,人们在实施某种行为时,除了考虑满足其自身需求之外,还必须考虑满足他所在的社区和社区其他成员的需求。这一点在作为"熟人社会"的农村社会表现得尤为明显。农户不仅追求自身收益最大化,在一定程度上还追求其所处村庄的生态环境保护、经济发展、村民生活品质提高等,农户对生活污水处理所产生结果的判断必然也会反映农户的上述追求。本研究同样运用五点李克特量表对结果判断进行测量。关于结果判断的测量包含 4 个问题条目,各个条目的内容及其定义列于表 5 - 10。

表 5 - 10 结果判断测量条目内容及其定义

问 题 条 目	问 题 条 目 定 义
1. 生活污水处理有助于保护我村生态环境与资源(如水资源等)(X_4) 2. 生活污水处理可以让我家和重要亲戚朋友获得更高的收入(X_5) 3. 生活污水处理有助于促进我村经济的发展(X_6) 4. 生活污水处理有助于提高我村村民生活品质(X_7)	1 = "不同意";2 = "有点不同意";3 = "一般";4 = "有点同意";5 = "同意"

本研究用上述 4 个项目测量结果判断变量。经信度分析,4 个项目信度 Cronbach'α 系数为 0.807,高于 0.70,说明测量项目具有较高的一致性。农户对污水处理的所产生结果判断问题回答的统计性描述详见表 5 - 11。

表 5 - 11 结果判断变量项目分布情况

变量项目	平均值	标准差	最小值	最大值
X_4	3.29	1.36	2	5
X_5	3.35	1.22	2	5
X_6	3.83	1.47	2	5
X_7	3.16	0.96	2	5

资料来源:本研究计算整理而得。

3. 主观规范的统计性描述

中国各地农村村民多聚族而居,长久以来一直维持着费孝通笔下的"乡土社会"以自我为中心层层外推到家庭、邻里、社区和国家的社会结构模式。由于小农户面对社会和大市场时，其所拥有的资源比较贫乏，他们自然而然将农村社会关系视为自己一个重要的社会资源，对于与自己有着血缘、亲缘关系的社会成员，既有心理上的亲近感、信任感，还有心理上的归属感。按照格兰诺维特的"嵌入性"概念，人们的经济行为是嵌入在社会结构之中，而核心的社会结构就是人们生活于其中的社会关系网络。由此可见，农户态度不可避免地会受到与之产生社会关系的社区成员的影响。

按照"差序格局"理论，农户态度首先会受到其家庭成员，如父母、配偶、子女及其他重要家族成员的影响；其次，农户态度还会受到与之有密切往来的邻里乡亲等其他社区成员的影响。当农户感受到家族成员和邻里乡亲对生活污水处理设施持支持态度时，将会对这一公共产品持更加积极的态度，反之则相反。同时，农户态度除了要受到上述社区成员的影响外，各级地方政府①对生活污水处理设施的态度、政策与制度因素在相当程度上也对农户态度起着诱导作用。

结合以上，本研究运用五点李克特量表对农户主观规范进行测量。农户主观规范的测量项目包含 4 个问题条目："家人和亲戚朋友认为生活污水处理设施对其很重要"（用 X_8 表示）、"村里人认为生活污水处理设施对其很重要"（用 X_9 表示）、"政府认为生活污水处理设施对村庄及村民很重要"（用 X_{10} 表示）、"村委会认为生活污水处理设施对本村及村民很重要"（用 X_{11} 表示）。同样地，经信度分析，4 个项目信度 Cronbach'α 系数为 0.735，高于 0.70，说明测量项目具有较高的一致性。农户主观规范测量条目问题回答的统计性描述详见表 5 – 12。

表 5 – 12 主观规范变量项目分布情况

变 量 项 目	平均值	标准差	最小值	最大值
X_8	3.50	0.91	2	5
X_9	3.02	0.94	1	5
X_{10}	2.48	0.98	1	5
X_{11}	2.93	1.01	1	5

资料来源：本研究计算整理而得。

———————————

① 在这里主要指县乡（镇）级与村委会。

4. 信息认知的描述性统计分析

农户对生活污水处理设施的支付意愿要受其资源、收入等方面的约束。如果农户对于生活污水处理设施这一公共产品的信息,如该产品生产成本、成本如何分摊、用途等,有着良好的认知,又如农户对于自身是否具有为所要使用或消费的公共产品承担一定的劳动或资金的能力具有良好的认知,会影响到农户的需求态度。因此本研究对农户信息认知运用五点李克特量表进行了测量。农户信息认知的测量项目包括:"我有能力为生活污水处理设施建设承担每户均摊的劳力"(用 X_{12} 表示)、"我有能力为生活污水处理设施建设承担每户均摊的费用"(用 X_{13} 表示)、"我有能力为生活污水处理设施建设付出更多资本(或劳动)"(用 X_{14} 表示)。信度分析结果表明上述 3 个项目信度 Cronbach'α 系数为 0.802,高于 0.70,说明测量项目具有较高的一致性。关于农户信息认知问题回答的统计性描述详见表 5 - 13。

表 5 - 13　信息认知变量项目分布情况

变量项目	最小值	最大值	平均值	标准差
X_{12}	1	5	3.77	0.96
X_{13}	1	5	3.78	1.20
X_{14}	1	5	3.03	1.23

资料来源:本研究计算整理而得。

四　模型结果及解释

本书采用 SPSS16.0 统计软件对 Logistic 模型(5.13)采用 Wald 向后逐步选择自变量的方法。首先将所有自变量纳入回归方程,然后对已纳入方程的自变量按对 y 的贡献大小由小到大依次剔除。每剔除一个变量,则重新计算各自变量对 y 的贡献,直到方程中所有自变量均符合选入标准,没有自变量可被剔除为止。结果见表 5 - 14。

表 5 - 14　影响农户需求的 Logistic 模型回归结果

变　量	回归系数	标准差	Wald 统计值	自由度	显著水平
常　数	-1.386	0.941	0.493	1	0.001

续表

变 量	回归系数	标准差	Wald 统计值	自由度	显著水平
X_1	-0.121	0.604	1.478	1	0.489
X_2	0.158	0.829	1.005	1	0.546
X_3	1.313***	1.074	47.723	1	0.000
X_4	0.856**	0.749	3.278	1	0.036
$\ell n X_5$	2.319***	0.783	33.036	1	0.000
X_6	0.965**	0.051	3.867	1	0.018
X_7	0.719**	0.313	7.036	1	0.025
X_8	0.240*	0.949	1.084	1	0.063
X_9	1.284***	0.682	51.735	1	0.000

注: $-2 \text{Loglikelihood} = 75.956$（P = 0.000）；Nagelkerke $R^2 = 0.628$（P = 0.000）；*、**、***分别表示在 10%、5%、1% 水平下显著，预测准确率为 88.5%。

根据表 5 – 14 的模型估计结果，将影响农户对生活污水处理设施需求（以下简称农户需求）的主要因素按照重要性程度依次归纳如下。

1. 农户家庭纯收入对其需求有着极为显著影响

从模型上看，农户家庭纯收入变量在 1% 的统计检验水平上显著，其系数符号为正。这说明，在其他条件不变的情况下，家庭纯收入水平越高的农户，其更倾向于为生活污水处理设施支付费用；而家庭纯收入水平较低的农户则会认为生活污水处理设施这一公共产品是奢侈品，与之相比，他们对基础性公共设施如农村道路、农田水利等更具有消费倾向。这一结果同时也表明了农户是否愿意为生活污水处理设施支付给定的起始费用要受到其收入特别是可支配收入的约束。这一结果既符合农户作为有限理性经济人的假定，也与理论预期相一致。

2. 农户受教育年限对其需求有着非常显著影响

从模型估计结果来看，农户受教育年限这一变量的统计检验在 1% 的水平上显著，回归系数为正。这说明农户受教育年限越长，对农村居住环境改善有着更好的认知，其保护环境意识更为强烈，因此，也就更愿意为有助于改善环境的生活污水处理设施支付给定的起始费用。这一结论与理论预期也一致。

3. 农户态度对其需求也有着非常显著影响

从模型估计结果来看,农户态度这一变量的统计检验在 1% 的水平上显著,回归系数为正。这说明在其他条件不变的情况下,农户态度越积极,其需求意愿也就越强烈。这与笔者的理论预期也是保持一致的。需要说明的是,现实生活中农户态度要受到农户主观规范的影响。农村社会是个熟人社会,农户间来往密切,个体农户对生活污水处理的态度很容易受到亲朋好友、邻里乡亲的影响而改变自己的看法。此外,个体农户的态度还会受到农户对于该公共产品的信息拥有量(如其耗费的生产成本等)以及农户对环境改善行为产生结果判断的影响,在这三类心理因素的共同作用下,农户对生活污水处理的或正面或负面态度会对农户的支付意愿产生不同的影响。

4. 村庄是否属于环境敏感村对农户需求有着较为显著影响

从模型估计结果来看,农户所居住的村庄是否属于环境敏感村变量的统计检验在 5% 的水平上显著,回归系数为正。这表明在其他条件不变的情况下,家住环境敏感村的农户更倾向于为生活污水处理设施支付费用。究其原因有二:一是生活污水随意排放,既影响了村容村貌,同时也污染了水环境和地下水资源,直接威胁农民群众的饮用水安全,与普通村庄村民相比,居住在环境敏感村(如沿江流域周边村、水库库区周边村、历史文化名村、旅游景点村)的村民对此有着更为深刻的体会;二是家住环境敏感村的村民其收入主要来源于对环境质量有着较高要求的产业,如与旅游相关的产业、渔业、餐饮业等,受经济利益的驱使,环境敏感村村民更容易对生活污水处理设施形成需求。

5. 农户是否有外出务工或经商经历以及村庄是否地处城镇郊区对农户需求也有着比较显著影响

从模型估计结果来看,这两个变量的统计检验都在 5% 的水平上显著,且回归系数都为正。农户外出务工或经商经历以及地处城镇郊区的村庄也会推动农户对生活污水处理设施的需求。由于农户外出务工或经商地点多为经济文化较为发达地区,发达地区或者是城镇的人文环境因素在人口以及地区之间的流动和传播改变了农户的思想观念、思维方式与生活习惯,从而也影响了农户的需求。

6. 村庄是否制定环境卫生管理制度对农户需求有着正向影响

从模型结果来看，这一变量的统计检验在10%的水平上显著，且回归系数都为正。一般说来，政策与制度因素对于农户行为会起到激励或约束的作用，故农村环境卫生管理制度的制定对农户需求意愿有着一定程度的影响。

7. 农户的年龄以及农户是否以农业为主要职业对其需求的影响不明显

从模型估计结果来看，这两个变量的统计检验都不显著，这说明农户的支付意愿与其年龄、是否务农并无很明显的相关性。

第四节　影响农户需求的态度及相关因素分析

综合上述模型估计结果可以发现，农户对污水处理设施的需求是一个复杂的经济行为过程，它不仅受农户与社区的禀赋条件、政策与制度因素的影响，还受农户心理因素——态度认知的显著影响。而农户态度则要受一系列心理因素变量（诸如农户的结果判断、主观规范以及信息认知等）的影响，这些心理变量通过影响农户对污水处理所持的态度来间接地影响农户需求。本节将具体探讨结果判断、主观规范以及信息认知等心理变量对农户态度的影响程度。

一　因子分析

农户态度等因素属于心理变量，它们是通过多维指标来进行评价的，这些指标为我们提供了丰富的信息，但同时也增加了计量分析的复杂性和难度。而且这些指标之间有可能存在一定的相关性，如果变量之间高度相关，则意味着它们所反映的信息高度重合。因此，在做计量分析之前本书先运用因子分析方法，通过因子分析以便找到较少的几个因子，然后进一步将原始观测变量的信息转换成这些因子的因子值，并用这些因子代替原来的观察变量进行统计分析。

对农户态度、结果判断、主观规范与信息认知等变量做因子分析，首先应判断它们各自所包含的指标之间是否具有较强的相关关系，这是做变量因子分析的前提。为此，要计算各变量包含指标之间的相关系数，本书计算的结果是，这4个变量各自所包含的指标相互之间都具有比较显著或显著性相关关系。其次，要计算变量所有指标的相关矩阵，然后根据计算出的相关矩阵来判断应用因子分析方法是否合适。对指标进行相关性检验的方法主要有KMO（Kaiser-Meyer-Olkin）样本测度和巴特莱特球体检验（Bartlett test of sphericity）。本书4个变量各自包含的指标经KMO测度和巴特莱特球体检验，结果均表明可以对这些指标进行因子分析。

最后，我们采用主成分分析法对变量包含的指标进行因子分析，计算其公共因子特征值、贡献率、累计贡献率。同时根据Kaiser提出的因子特征根大于1的标准计算因子负载，确定抽取的因子变量。本书对上述4个变量进行因子分析的结果[①]如表5－15所示。

表5－15　农户心理因素变量因子分析结果

因子	变量项目	因子1	因子2
农户态度（F_1）	我认为我村环境卫生污染问题比较严重，这与我村缺少生活污水处理设施有关	0.609	
	生活污水处理设施对我来说很重要	0.929	
	与其他种类公共产品相比，目前我更希望获得生活污水处理设施	0.921	
	各种因素解释变异的	75.394	
社会福利增进（F_2）	生活污水处理有助于保护我村生态环境与资源（如水资源等）	0.898	0.262
	生活污水处理有助于提高我村村民生活品质	0.919	0.173
经济效益改善（F_3）	生活污水处理可以让我家和重要亲戚朋友获得更高的收入	0.46	0.686
	生活污水处理有助于促进我村经济的发展	0.245	0.884
	各种因素解释变异的	48.076	33.736
家族成员规范（F_4）	政府认为生活污水处理设施对村庄及村民很重要	0.924	0.156
	村委会认为生活污水处理设施对本村及村民很重要	0.93	0.054
政府组织规范（F_5）	家人和亲戚朋友认为生活污水处理设施对其很重要	0.073	0.913
	村里人认为生活污水处理设施对其很重要	0.461	0.614
	各种因素解释变异的	48.43	30.922

①　农户态度、结果判断、主观规范、信息认知等变量的详细因子分析过程详见附录1。

因子	变量项目	因子1	因子2
支付能力 认知（F_6）	我有能力为生活污水处理设施建设承担每户均摊的劳力	0.823	
	我有能力为生活污水处理设施建设承担每户均摊的费用	0.916	
	我有能力为生活污水处理设施建设付出更多资本（或劳动）	0.703	
	各种因素解释变异的	72.293	

注：F_1代表农户态度新因子；$F_2 \sim F_3$代表结果判断新因子；$F_4 \sim F_5$代表主观规范新因子；F_6代表支付能力认知新因子。

通过因子分析，从上述各个变量的测量项目中找出了公共因子$F_1 \sim F_6$，它们可以大体上反映有关农户对生活污水处理设施心理认知的综合信息，把得到的这些因子作为自变量，根据其在各个案例（$N = 305$）的得分值就可以做线性回归分析或 Logistic 回归分析。

二　模型选择

影响农户对生活污水处理设施态度的因素包括农户态度、结果判断、主观规范及信息认知等，这些因素可用来作为自变量，设"农户态度"为因变量，然后选用多重线性回归模型进行回归分析，以有效判断出哪些因素对农户对生活污水处理设施态度产生显著影响。多重线性回归的数学模型为：

$$Y = \beta_0 + \beta_1 X_1 + \beta_2 X_2 + \beta_3 X_3 + \beta_4 X_4 + \beta_5 X_5 + \varepsilon \tag{5.14}$$

式中，因变量Y表示农户态度；X_j（$j = 1，2，\cdots，5$）为5个自变量。β_0为常数项，$\beta_1，\cdots，\beta_n$称为偏回归系数。β_j（$j = 1，2，\cdots，5$）表示在其他自变量固定不变的情况下，自变量X_j每改变一个单位时，其单独引起因变量y的平均改变量。ε为随机误差项。

三　变量说明

根据前面探索性因子分析结果，在分析农户结果判断、主观规范、信息认知对农户态度的影响时，采用主成分因子分析之后得到的6个指标作为变量来代替和反映原来较多的指标,并根据这 6 个指标在各个案例($N = 305$)的得分值做回归分析。具体变量说明请见表 5 - 16。

表 5 - 16　影响农户需求的态度回归模型变量说明

变量	变量名称
因变量	Y = 农户态度
自变量	农户结果判断: X_1 = 社会福利增进 X_2 = 经济效益改善 农户主观规范: X_3 = 家族成员规范 X_4 = 政府组织规范 农户信息认知: X_5 = 支付能力认知

四　模型结果及解释

根据以上分析,在分析农户对农村生活污水处理的态度时,本书将表 5 - 16 中的 5 个解释变量引入模型进行多元线性回归分析,结果见表 5 - 17。

表 5 - 17　农户态度影响因素回归分析结果

变量		标准化系数		T 统计值	显著水平
		B	标准误差		
常数项		- 0.244	0.042	- 4.544	0.000
社会福利增进	X_1	0.186	0.024	3.861	0.019
经济效益改善	X_2	0.445	0.069	12.945	0.000
家族成员规范	X_3	0.704	0.032	21.932	0.000
政府组织规范	X_4	0.098	0.036	2.145	0.053
支付能力认知	X_5	0.420	0.026	8.196	0.000

注: $R = 0.900$, $R^2 = 0.811$, $F = 256.262$, $P < 0.001$,预测准确率为 84.7%。

影响农户需求的态度回归模型为：

$$Y = -0.244 + 0.186X_1 + 0.445X_2 + 0.704X_3 + 0.098X_4 + 0.420X_5$$

$$(-4.544)^{***} \quad (3.861)^{**} \quad (12.945)^{***} \quad (21.932)^{***} \quad (2.145)^{**} \quad (8.196)^{***}$$

"＊＊＊"、"＊＊"分别表示在1%和5%水平上显著。

回归结果表明，模型的整体拟合情况较好。相关系数 R = 0.900，决定系数 R^2 = 0.811，F = 256.262，P < 0.001，说明拟合的模型具有统计学意义。自变量 VIF 统计值在 1.034 ~ 1.635 区间，说明模型不存在明显的多重共线性问题。

从模型的估计结果来看，农户经济效益改善、家族成员规范、农户支付能力认知等变量在1%显著水平上显著。政府组织规范、社会福利增进等变量在5%显著水平上显著。根据表5 - 17的模型结果，可以将影响农户生活污水处理设施需求态度的因素做一个归纳和讨论。

1. 经济效益改善对农户态度有着十分显著的正向影响

模型估计结果表明，这一结论与笔者的调查研究结果相一致。就笔者的调查而言，中国农村有相当一部分农民仍在从事农业或与农业有关的活动，其收入仍以农业为主要来源，而农业特别是渔业增产增收与环境状况的好坏密切相关。农民作为有限理性"经济人"，希望自身以及与其有重要关系的家人或亲朋好友能够实现收入最大化，在收入最大化目标的驱使下，农户必然会对生活污水处理设施有着一个正面的、积极的态度。

2. 家族成员规范也是影响农户态度的最重要因素

在模型中该变量的估计系数为正值。由于农村社区是由一定的生产关系或社会关系组织起来的，具有一定数量、共同生产或生活的人群，社区的人们无论在感情上还是在心理上都寻求着一种认同感，因此，个体农户作为这一人群中的一员，其现时的经济行动不仅仅是个人的行动，同时还是社会人的行动，不仅有追求利益最大化的动机，还有寻求共同体生活和被认同的需要。因此，社区内与农户密切相关的关系人，如农户的家人、亲戚朋友以及乡邻对生活污水处理设施所持有的态度必然会强烈地影响着农户的态度。

3. 支付能力认知对农户态度有着极为显著的影响

支付能力认知反映了农户对生活污水处理设施的认知信息。从模型估计结果看，这一变量的回归系数为正。当农户要为其使用或消费的公共产品支付费用时，要面临资源有限以及自身收入刚性的约束。就生活污水处理设施而言，农户若认为自己对这一产品有需要并有能力为其付费，那么对这一公共产品就会表现出一种积极的态度；反之则相反。

4. 社会福利增进对农户态度有着比较显著的影响

从模型结果来看，农村社区内社会福利增进对农户的态度有着正面影响。农村居住环境的改善不仅带来经济效益，更重要的是创造了社会效益。良好的农村环境可以更好地推动农村社会的可持续发展，而这一点也开始为农户所认知，那些已经富裕起来的农户开始对农村生态环境的改善、生活品质的提高投入越来越多的关注，特别是那些身处环境敏感村（如沿江流域、水库库区、城镇水源保护地周边村，历史文化名村以及旅游景点村）的农户更是如此。

5. 政府组织规范对农户态度也有着一定程度的影响

在模型中，该变量的回归系数为正值。这说明，政府和村委会对农村生活污水治理态度（如福建省政府颁布的农村清洁家园行动、政府加大对生活污水治理的投入力度等）对农户态度起着诱导作用。

小　结

本章以福建省 8 个地级市 11 个县（市）32 个村 305 个农户为样本，以农村生活污水处理设施为例，针对农户是否愿意为公共产品支付起始费用，识别了农户是否对该公共产品有需求，并运用二项多分类 Logistic 模型对影响农户需求的因素进行了统计分析。研究结果表明，农户的个人和家庭特征、农户所属的村庄特征、政策与制度因素以及农户态度是影响农户需求意愿的因素，但各个变量的影响程度具有明显差异，其中，农户个人特征和家庭特征对农户需求意愿的影响最大，其次是村庄特征，农户态度对农户需求意愿的影响又次之。同时研究结果还表明，农户的年龄及其职业这两个变量对农户需求的影响不明显。具体地，本章实证分析结果将用图 5 - 8 归纳如下。本章的主要意义在于通过正确识别影响农户需求的因素，为政府等公共产品供给者有效估计农户需求提供参考和依据，同时也为下一章考察影响农户公共产品需求强度的因素提供了变量基础。

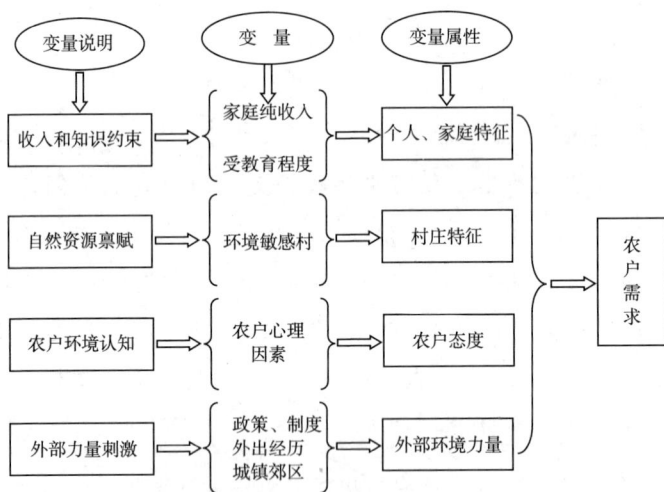

图 5 - 8　农户需求影响因素研究结论

资料来源：本研究整理归纳而得。

第六章

不同支付水平下农村公共产品需求
强度及影响因素分析：
以生活污水处理设施为例

为了更全面地反映某项公共产品的使用（或消费）给农户带来的效用，我们不仅希望了解农户对该公共产品是否有需求，同时还希望了解农户对该公共产品的需求强度如何，其影响因素有哪些，后者正是本章所要关注的问题。本章仍以生活污水处理设施这一公共产品为例，以福建省农户为调查对象，根据抽样调查获取的农户支付意愿数值范围，推断农户需求强度的分布情况，在此基础上建立有序多分类 Logistic 回归模型来深入探讨影响农户需求强度的因素以及各因素的影响程度和方向。

第一节　条件评价法下农户需求强度识别

农户支付意愿调查数据同样是来自笔者于 2007 年 12 月～2008 年 1 月对福建省 8 个地区 11 个县（市）16 个乡镇 32 个行政村（详见表 1－1）的农户、村干部进行的随机抽样问卷调查。关于样本的具体数据获取方式详见本书的第一章第六节。

由于本研究是采用单向递增的多边界封闭式二分选择问题格式对农户进行问卷调查，农户的回答并不直接是一定数量的金钱，而是针对某些给定的金钱数量回答"是"或"不是",因此这种方式不能直接观察到农户确切的支付意愿(WTP)值,只能知道农户的 WTP 值是落在介于 WTP_L 和 WTP_U [①] 之间的一个半开闭区间。根据农户的 WTP 值分布的区间,我们就可以从中推断个体农户对生活污水处理设施的需求强度。

在本研究中,对农户生活污水处理设施支付意愿进行询问的起始价格从 $B_1 = 100$ 元开始。如果农户在 $B_1 = 100$ 元的起始价格水平上不愿意支付,其支付水平落入 [0,100)区间;若愿意,继续询问其在 150 元水平上是否愿意支付,如不愿意,其支付水平落入 [100,150)区间;若愿意,则继续询问其在 200 元水平上是否愿意支付,如不愿意,其支付水平落入 [150,200)区间;若愿意,再继续追问其在更高的金额 250 元水平上是否愿意支付,如不愿意,其支付水平落入 [200,250)区间;若愿意,更进一步追问其在 300 元水平上是否愿意支付,如不愿意,其支付水平落入 [250,300)区间;若愿意,其支付水平落入 [300,+∞)区间。至此,无论农户是否愿意再为农村生活污水处理设施支付更高的费用,均结束提问。总体而言,农户对生活污水处理设施的最高 WTP 值落在 [0,100)、[100,150)、[150,200)、[200,250)、[250,300)、[300,+∞)这 6 个区间内。根据偏好显示理论可知,农户的支付水平即代表农户的需求强度,因此,我们可以得出农户对生活污水处理设施的需求强度落在 [0,100)、[100,150)、[150,200)、[200,250)、[250,300)、[300,+∞)6 个区间内。

第二节　农户需求强度及影响因素的计量分析

根据笔者调研结果,大多数的农户对农村生活污水处理设施都表示了需求意愿,但是结果同时也表明了农户对该公共产品的需求强度存在较大差异。笔者在这里将对影响农户需求强度的因素进行测度。

---

① WTP_L 是 Lower Limit WTP 的缩写,WTP_U 是 Upper Limit WTP 的缩写。

一 影响农户需求强度的理论假设

基于前文的研究,可以预期影响农户需求强度差异的因素主要有农户的个人、家庭特征,农户所属的村庄特征,农户对生活污水处理设施所持的态度,政策、制度因素四大类。

1. 农户的个人、家庭特征

在对农户需求强度差异影响因素研究中,本书同样采用农户的年龄、受教育年限、职业、外出务工或经商经历、家庭纯收入等指标来描述农户个人及其家庭特征。据此,本书作出如下假设:①农户受教育年限越长,农户对生活污水处理设施的需求强度也越高;②与没有外出务工或经商经历的农户相比,农户对生活污水处理设施的需求强度相对更高;③农户家庭纯收入越高,农户对生活污水处理设施的需求强度也越高;④农户的年龄、职业对农户需求强度的影响具有不确定性。

2. 农户所处村庄特征

与前文对应,本节同样采用了村庄是否属于环境敏感村以及是否地处城镇郊区这两个指标来描述农户所居住的村庄特征。据此,本书有理由作出如下假设:①与一般村庄相比,地处环境敏感村的农户具有更高的需求强度;②与非城镇郊区的农户相比,地处城镇郊区的农户具有更高的需求强度。

3. 政策、制度因素

依据第五章的研究结果,本节假设农村卫生环境管理制度的制定与农户需求强度之间有着正相关关系。

4. 农户态度

本节假设农户对生活污水处理所持的态度越积极,其对生活污水处理设施的需求强度也越高。

二 模型选取及变量定义

(一) 模型选取

本章以福建省农村为例,以生活污水处理设施为研究对象,通过农户调查微观数据,运用有序多分类 Logistic 回归模型对影响农户需求强度的因素进行实证分析。

农户对于生活污水处理设施的最高 WTP，不仅会受到农户个人、家庭特征变量，村庄特征变量，政策、制度变量等的影响，同时还会受到农户态度变量的影响，可采用上述这些特征变量作为解释变量。由于农户的需求强度可以划分为 $[0, 100)$、$[100, 150)$、$[150, 200)$、$[200, 250)$、$[250, 300)$、$[300, +\infty)$ 6 个反应类别，这 6 个反应类别可作为模型的因变量，由于因变量是一种有序多项分类变量，因此可采用有序多分类 Logistic 回归模型进行分析。

在本研究中，作为因变量 Y 的具体取值含义在有序多分类 Logistic 回归模型中可表示如下：

$$Y = \begin{cases} 1: \text{表示农户需求强度落在} [0, 100) \text{区间} \\ 2: \text{表示农户需求强度落在} [100, 150) \text{区间} \\ 3: \text{表示农户需求强度落在} [150, 200) \text{区间} \\ 4: \text{表示农户需求强度落在} [200, 250) \text{区间} \\ 5: \text{表示农户需求强度落在} [250, 300) \text{区间} \\ 6: \text{表示农户需求强度落在} [300, +\infty) \text{区间} \end{cases} \tag{6.1}$$

由此可见，因变量 Y 的取值为 $j (j = 1, 2, \cdots, 6)$，相应取值水平的概率为 π_1、π_2、π_3、π_4、π_5、π_6，此时有：

$$\pi_1 = \frac{\exp(-\alpha_1 + \beta_1 X_1 + \beta_2 X_2 + \cdots + \beta_n X_n)}{1 + \exp(-\alpha_1 + \beta_1 X_1 + \beta_2 X_2 + \cdots + \beta_n X_n)} \tag{6.2}$$

$$\pi_2 = \frac{\exp(-\alpha_2 + \beta_1 X_1 + \beta_2 X_2 + \cdots + \beta_n X_n)}{1 + \exp(-\alpha_2 + \beta_1 X_1 + \beta_2 X_2 + \cdots + \beta_n X_n)} - \pi_1 \tag{6.3}$$

$$\pi_3 = \frac{\exp(-\alpha_3 + \beta_1 X_1 + \beta_2 X_2 + \cdots + \beta_n X_n)}{1 + \exp(-\alpha_3 + \beta_1 X_1 + \beta_2 X_2 + \cdots + \beta_n X_n)} - \pi_1 - \pi_2 \tag{6.4}$$

$$\pi_4 = \frac{\exp(-\alpha_4 + \beta_1 X_1 + \beta_2 X_2 + \cdots + \beta_n X_n)}{1 + \exp(-\alpha_4 + \beta_1 X_1 + \beta_2 X_2 + \cdots + \beta_n X_n)} - \pi_1 - \pi_2 - \pi_3 \tag{6.5}$$

$$\pi_5 = \frac{\exp(-\alpha_5 + \beta_1 X_1 + \beta_2 X_2 + \cdots + \beta_n X_n)}{1 + \exp(-\alpha_5 + \beta_1 X_1 + \beta_2 X_2 + \cdots + \beta_n X_n)} - \pi_1 - \pi_2 - \pi_3 - \pi_4 \tag{6.6}$$

$$\pi_6 = 1 - \pi_1 - \pi_2 - \pi_3 - \pi_4 - \pi_5 \tag{6.7}$$

在公式 (6.2)、(6.3)、(6.4)、(6.5)、(6.6) 中，参数 $\alpha_i (i = 1, 2, \cdots, 5)$ 为常数项，$X_n (n = 1, 2, \cdots, 9)$ 为影响农户支付意愿值的各个解释变量，参数 $\beta_n (n = 1, 2, \cdots, 9)$ 是 X_n 对应的偏回归系数，表示

在其他解释变量固定不变的情况下,某一解释变量 X_n 改变一个单位,Logistic $[p (Y > j)]$ 的平均改变量。它反映了解释变量 X_n 对反应类别 $Y > j$ $(j = i = 1, 2, \cdots 6)$ 的效应大小。当 $\beta_n = 0$ 时,表示解释变量 X_n 与因变量 Y 独立;当 $\beta_n > 0$ 时,表示随着 X_n 的增加,Y 更有可能落在有序分类值更大的一端;当 $\beta_n < 0$ 时,表示随着 X_n 的增加,Y 更有可能落在有序分类值更小的一端。ε 是随机误差项。

根据公式 (6.2)、(6.3)、(6.4)、(6.5)、(6.6),当因变量 Y 的反应类别 $j = 6$ 时,我们可以对解释变量 X_n 拟合 5 个 Logistic 模型:

$$Logit \frac{\pi_1}{\pi_2 + \pi_3 + \pi_4 + \pi_5 + \pi_6} = -\alpha_1 + \beta_1 X_1 + \beta_2 X_2 + \cdots + \beta_n X_n + \varepsilon \qquad (6.8)$$

$$Logit \frac{\pi_1 + \pi_2}{\pi_3 + \pi_4 + \pi_5 + \pi_6} = -\alpha_2 + \beta_1 X_1 + \beta_2 X_2 + \cdots + \beta_n X_n + \varepsilon \qquad (6.9)$$

$$Logit \frac{\pi_1 + \pi_2 + \pi_3}{\pi_4 + \pi_5 + \pi_6} = -\alpha_3 + \beta_1 X_1 + \beta_2 X_2 + \cdots + \beta_n X_n + \varepsilon \qquad (6.10)$$

$$Logit \frac{\pi_1 + \pi_2 + \pi_3 + \pi_4}{\pi_5 + \pi_6} = -\alpha_4 + \beta_1 X_1 + \beta_2 X_2 + \cdots + \beta_n X_n + \varepsilon \qquad (6.11)$$

$$Logit \frac{\pi_1 + \pi_2 + \pi_3 + \pi_4 + \pi_5}{\pi_6} = -\alpha_5 + \beta_1 X_1 + \beta_2 X_2 + \cdots + \beta_n X_n + \varepsilon \qquad (6.12)$$

在以上公式中,参数 α_i $(i = 1, 2, \cdots, 5)$ 为常数项,X_n $(n = 1, 2, \cdots, 9)$ 为影响农户支付意愿值的各个解释变量,参数 β_n $(n = 1, 2, \cdots, 9)$ 是 X_n 对应的偏回归系数,表示在其他解释变量固定不变的情况下,某一解释变量 X_n 改变一个单位,Logistic $[p (Y > j)]$ 的平均改变量。它反映了解释变量 X_n 对反应类别 $Y > j$ $(j = i = 1, 2, \cdots, 6)$ 的效应大小。当 $\beta_n = 0$ 时,表示解释变量 X_n 与因变量 Y 独立;当 $\beta_n > 0$ 时,表示随着 X_n 的增加,Y 更有可能落在有序分类值更大的一端;当 $\beta_n < 0$ 时,表示随着 X_n 的增加,Y 更有可能落在有序分类值更小的一端。ε 是随机误差项。

这 5 个模型分别是因变量 $Y \leqslant j$ 的累加概率预测模型。由上述建立的模型来看,有序 Logistic 模型实际上是依次将因变量按照不同的取值水平分割成两个等级,对这两个等级建立因变量为二分类的 Logistic 回归模型,上述模型中各个解释变量的系数 β_n 都保持不变。

（二）变量定义

模型的因变量 Y 表示农户需求强度的 6 个反应类别，解释变量主要包括农户个人、家庭特征变量，农户所属村庄特征变量，政策、制度变量以及农户态度变量，具体变量说明请见表 6-1。

表 6-1 农户需求强度及影响因素的有序 Logistic 模型变量定义

变 量 名 称		变 量 定 义	系数符号预期
因变量 （Y）		$1 = [0, 100)$；$2 = [100, 150)$；$3 = [150, 200)$；$4 = [200, 250)$；$5 = [250, 300)$；$6 = [300, +\infty)$	
个人、家庭特征	年龄 （X_1）		?
	农户是否以农业为主要职业 （X_2）	$1 = 是$；$0 = 否$	?
	受教育年限 （X_3）		+
	外出务工或经商经历 （X_4）	$1 = 有$；$0 = 无$	+
	家庭纯收入 （$^*\ln X_5$）		+
村庄特征	村庄是否为环境敏感村 （X_6）	$1 = 是$；$0 = 否$	+
	村庄是否地处城镇郊区 （X_7）	$1 = 是$；$0 = 否$	+
政策、制度	村庄是否制定卫生环境管理制度 （X_8）	$1 = 是$；$0 = 否$	+
农户态度	农户态度 （$^*X_9$）（因子值）		+

　*在计量分析中，按照经验对收入变量取对数，以消除异常观测的敏感度（孔祥智、涂圣伟，2007）；自变量农户态度将用因子分析后的新因子替代，其值也由新因子值替代。

三　样本数据描述性统计分析

本书的研究数据来源于 2007 年 12 月～2008 年 1 月 305 个农户调查样本数据，详细调查情况见第一章第六节。

（一）农户需求强度的总体分布情况

根据问卷调查结果，农户对生活污水处理设施的需求强度的分布情况如表 6-2 所示。根据表 6-2，我们可以得出一个很重要的结论，样本农户对生活污水处理设施的需求强度不高，仅有 24% 的农户其需求强度在 200 元（包括 200 元）以上。这说明尽管占调查户总数 71.5% 的样本农户都对生活污水处理设施表现出了需求意愿，但占调查总户数 76% 的样本农户对该公共产品的需求强度却不高。

表 6-2　农户需求强度分布情况

WTP 值区间（元）	频　数（户）	百分比（%）	累计百分比（%）
[0, 100)	87	28.5	36.7
[100, 150)	72	23.6	52.1
[150, 200)	57	18.7	70.8
[200, 250)	43	14.1	84.9
[250, 300)	30	9.8	94.7
[300, +∞)	16	5.3	100.0
合　　计	305	100.0	
平均值		2.2	
标准差		1.2	

数据来源：作者根据实地调查数据整理测算而得。

（二）农户个人和家庭特征的描述性统计分析

本书将反映农户个人和家庭特征的变量纳入分析，它们包括农户的年龄、受教育年限、职业、外出务工或经商经历、家庭纯收入 5 个指标。从笔者的调查结果可知，受访者的平均年龄约为 43 岁，从 20 岁到 60 岁不等。农户对于环境污染问题的认知与其所受教育年限密切相关。农户受教育年限统计结果显示，有 58.7% 的农户接受过 9 年及 9 年以上教育，所占比重较大。受教育年限不同的农户对生活污水处理设施有着不同的需求强度，将样本农户按受教育年限进行分组，分别划分为"6 年以下"、

"6～9 年"、"9～12 年" 和 "12 年以上"。具体数据分析如表 6－3 所示。根据表 6－3，我们可以初步推断农户受教育年限与其需求强度之间具有正相关性。

表 6－3　农户受教育年限与其需求强度分布情况

单位：户,%

变　　量	0～100 元	100～150 元	150～200 元	200～250 元	250～300 元	300～+∞
6 年以下	11（57.9）	8（42.1）				
6～9 年	35（32.7）	26（24.3）	25（23.4）	7（6.5）	12 11.2）	2（1.9）
9～12 年	37（25.5）	38（26.2）	26（17.9）	27（18.6）	11（7.6）	6（4.1）
12 年以上	4（11.8）	0（0）	6（17.6）	9（26.5）	7（20.6）	8（23.5）

数据来源：作者根据实地调查数据整理与测算而得。

在有效样本农户中，就农户外出务工或经商经历与其需求强度高低关系来看，如表 6－4 所示，总体而言，具有外出经历的农户其需求强度是高于没有外出经历的农户的。由于农户外出务工或经商的地点多为发达或较发达地区，并且其外出务工或经商时间也较长，一般达 3 年以上，受发达地区文明潜移默化的影响，农户对农村环境的质量乃至生活品质有了更高的要求，因此其更倾向于为生活污水处理设施支付更高的费用。

表 6－4　农户是否有外出经历与其需求强度分布情况

需求强度	有外出经历		无外出经历	
（元）	频数（户）	百分比（%）	频数（户）	百分比（%）
[0，100）	10	11.2	77	35.6
[100，150）	12	13.4	60	27.8
[150，200）	23	25.8	34	15.7
[200，250）	20	22.5	23	10.6
[250，300）	11	12.5	19	8.8
[300，+∞）	13	14.6	3	1.5
总　　计	89	100.0	216	100.0

数据来源：作者根据实地调查数据整理与测算而得。

本书在第五章的研究表明,农户家庭纯收入是影响农户对生活污水处理设施需求的最重要因素。笔者在此也要重点考察农户家庭纯收入的高低对农户需求强度的影响。为了分析的方便,本书将样本农户按收入进行了分组,划分为 7 个区间:"5000 元以下"、"5000～10000 元"、"10000～20000 元"、"20000～30000 元"、"30000～40000 元"、"40000～50000 元"及 "50000 元及以上"。在此我们同样对农户家庭纯收入水平与其需求强度之间进行相关性分析,具体分析结果请见表 6-5。表 6-5 的结果表明,农户家庭纯收入水平与其需求强度之间相关系数为 0.948,说明两者间有着很强的正相关关系,因此可以初步判断农户家庭纯收入的高低与农户生活污水处理设施需求强度有着很强的正相关关系,即家庭纯收入越高,农户的需求强度也越高。此外,农户当前所从事的职业也有可能影响到农户对生活污水处理设施需求强度的高低,本书将农户职业分为 "以从事农业为主"与 "以从事非农业为主" 两种情况进行研究。

表 6-5　农户家庭纯收入水平与其需求强度的相关系数分析

项目	参数	家庭纯收入①	需求强度
家庭纯收入	Pearson 相关	1	0.948**
	Sig. (2-tailed)		0.000
	N	305	305
需求强度	Pearson 相关	0.948**	1
	Sig. (2-tailed)	0.000	
	N	305	305

＊＊表示相关系数双尾检验在 0.01 水平上显著。

(三) 农户所处村庄特征的描述性统计分析

农户所属的村庄环境是影响农户需求强度的重要决定因素。本书将农户置入村庄这个大环境来考察村庄是否为环境敏感村、是否地处城镇郊区等村庄特征对农户需求强度的影响。

---

①　在做相关系数分析时,本书根据农户家庭纯收入分组情况,将 "5000 元以下" 赋值为 1、"5000～10000 元" 赋值为 2、"10000～20000 元" 赋值为 3、"20000～30000 元" 赋值为 4、"30000～40000 元" 赋值为 5、"40000～50000 元" 赋值为 6 及 "50000 元及以上" 赋值为 7。

从表 6 - 6 的分析结果来看，地处环境敏感村的农户其需求强度要高于普通村庄的农户。

表 6 - 6　农户是否为地处环境敏感村与其需求强度分布情况

需求强度（元）	环境敏感村庄		普通村庄	
	频数（户）	百分比（%）	频数（户）	百分比（%）
[0, 100)	29	18.4	58	39.2
[100, 150)	38	24.2	34	23.0
[150, 200)	33	21.0	24	16.2
[200, 250)	27	17.2	16	10.8
[250, 300)	18	11.5	12	8.1
[300, +∞)	12	7.7	4	2.7
总　计	157	100.0	148	100.0

数据来源：作者根据实地调查数据的整理与测算。

根据表 6 - 7 的统计结果，还可以发现城镇郊区的农户其需求强度高于非城镇郊区的农户。

表 6 - 7　农户是否地处城镇郊区与其需求强度分布情况

需求强度（元）	城镇郊区村庄		非城镇郊区村庄	
	频数（户）	百分比（%）	频数（户）	百分比（%）
[0, 100)	8	10.0	79	35.1
[100, 150)	10	12.5	62	27.6
[150, 200)	21	26.3	36	16.0
[200, 250)	17	21.2	26	11.5
[250, 300)	14	17.5	16	7.1
[300, +∞)	10	12.5	6	2.7
总　计	80	100.0	225	100.0

数据来源：作者根据实地调查数据的整理与测算。

（四）政策、制度及农户态度等因素的描述性统计分析

各级政府特别是基层政府是否制定有农村卫生环境管理制度对农户需求强度影响程度如何也是我们需要考察的内容，本书对此不再展开赘述。关于农户态度的具体统计描述与分析详见第五章第三节，根据第五章第三节分析可知，用一个提取的公共因子可以大体上反映农户对生活污水处理设施所持的态度。

四　模型结果及解释

本书采用 SPSS16.0 软件，通过有序 Logistic 回归模型对影响农户生活污水处理设施需求强度的因素进行分析，具体运行结果请见表 6 - 8。

表 6 - 8　影响农户需求强度的有序 Logistic 模型回归结果

变　量	系数估计	标准差	Wald 值	自由度	显著水平
[WTP = 1.00]	-3.151	1.281	0.807	1	0.069
[WTP = 2.00]	-2.644	1.289	4.208	1	0.043
[WTP = 3.00]	-2.440	1.301	9.173	1	0.004
[WTP = 4.00]	1.426	1.326	16.757	1	0.000
[WTP = 5.00]	1.033	1.408	24.941	1	0.000
X_1	-0.321	0.431	0.821	1	0.336
X_2	0.262	0.218	0.759	1	0.168
X_3	1.300 ***	0.865	11.284	1	0.000
X_4	0.536 *	0.718	5.955	1	0.057
$\ln X_5$	3.444 ***	1.956	33.012	1	0.000
X_6	0.620 **	0.625	54.405	1	0.034
X_7	0.712 **	1.363	9.374	1	0.012
X_8	0.309	0.046	1.037	1	0.247
X_9	1.031 **	0.684	3.245	1	0.015

注：-2Loglikelihood = 125.67（P = 0.000）；Nagelkerke R^2 = 0.426（P = 0.000）；*、**、*** 分别表示在 10%、5%、1% 水平下显著，预测准确率为 87.9%。

从模型估计结果来看，可以发现该结果和我们的理论预期假设基本上是一致的。根据表6-8的模型估计结果，可将影响农户需求强度大小的主要因素归纳如下。

1. 农户受教育年限是影响农户的需求强度的最显著因素之一

从模型上看，农户受教育程度变量在1%的统计检验水平上显著，其系数符号为正。这说明，农户受教育程度越高，其认为越需要增加对生活污水处理设施的支出。这一结果与笔者的理论预期相一致。

2. 农户家庭纯收入对农户的需求强度有着极为显著的影响

从模型估计结果看，农户家庭纯收入变量在1%的统计检验水平上显著，其系数符号为正。农户对于公共产品的需求要受到既定的收入预算约束，客观上具有刚性，因此，在其他条件不变的情况下，如果农户家庭纯收入水平越高，其为农村生活污水处理增加支出的意愿就更强，故其需求强度也越高。

3. 农户所处村庄是否地处城镇郊区对农户的需求强度有着比较显著的影响

在模型估计结果中这一变量的统计检验在5%的显著性水平以内，其估计系数为正值。这可能是因为与非城镇郊区村庄相比，地处城镇郊区的农户对农村环境现状不佳的感知更为强烈，因此愿意为生活污水治理付出更多的人、财、物力。

4. 农户所在村庄是否为环境敏感村及其对生活污水处理设施的态度对农户的需求强度也有着比较显著的影响

从模型上看，这三个变量都在5%的统计检验水平上显著，其系数符号都为正值。这说明，在其他条件不变的情况下，居住在环境敏感村的农户对于生态环境问题比较敏感，他们在生活和生产上对农村生态环境的依赖程度都要大大超过普通村庄的村民，因此，居住在环境敏感村的农户对生活污水处理设施有着更高的支付意愿。农户对生活污水处理设施重要性的整体认知程度直接影响着农户支付意愿的高低。

5. 农户的外出务工或经商经历对其支付意愿有着正向影响

样本农户曾经有外出务工或经商经历的占到样本总量的40.2%，并且这部分农户大多数流向大、中城市，如北京、上海、广州、福州等，其外出务工或经商时间也较长，达3年以上，农户的外出经历提升了农户的环境意识，从而在一定程度上影响着农户的需求强度。

6. 农户的年龄、是否务农以及村庄是否制定有环境卫生管理制度这三个变量对农户的需求强度影响均不明显

从模型估计结果来看，这三个变量的统计检验都不显著，这说明农户的支付意愿值与其年龄、职业、是否制定环境卫生管理制度并无很明显的相关性。

小　结

本书在第五、六章对农户需求与需求强度进行了识别，并分别探讨了影响它们的因素。综合这两章的研究结果，可以得出以下四个结论。

（1）农户的个人和家庭特征是影响农户需求及其需求强度的最重要因素，这说明农户对生活污水处理设施的选择行为在很大程度上反映的是农户个人及其家庭的偏好。在农户的个人和家庭特征变量中，农户的家庭纯收入水平的高低对农户的支付水平产生极为重要的影响，这说明了在现阶段收入还是影响农户对公共产品消费需求的最主要因素。

（2）农户所处村庄特征也是影响农户需求及其需求强度的重要因素，这说明农户偏好在农村社区环境下具有可诱导性，社区环境可以影响农户偏好的满足和偏好集的变化。

（3）农户态度也是影响农户需求及其需求强度的重要因素。在农村社会，家族、姻亲关系与地缘关系仍然是人们生活中最重要的关系，在社区生活的农户，很容易被吸收和包围在这样一个人际交往密切的群体中，由此会导致其对群体的趋同性和心理上的认同感。在这种情况下，农户对公共产品所持的态度较容易受到群体的影响而改变自己的看法，这说明农户所表达出来的需求及需求强度并非仅仅基于个人的效用判断，同时还融入了社区其他成员乃至集体的需求。

（4）农户外出经商或务工的经历、城镇郊区生活方式的示范效应以及政治激励制度的影响会开阔农户偏好选择的视野，与其他村民相比，他们对生活污水处理设施的需求更为强烈。

第七章

农村公共产品需求演化路径及层次分析

　　本书的第五章与第六章主要是侧重于从静态分析的角度来理解农户对公共产品的需求行为。但事实上，农户对公共产品的需求既有静态的一面，也有动态的一面，其中，农户的动态性需求具有高度的时空与外部情境依赖性，这主要表现为：一方面随着时间和空间的变化，农户需求会发生量和质的变化；另一方面，农户不是被动地适应环境的变化，他们会主动地寻求需求的变异，在这样一个互动机制的作用下，农户需求会不断地进行演化。本章试图从动态分析与静态分析相结合的角度，来考察农村公共产品需求的演化路径及层次。

　　本章对农村公共产品需求演化路径及层次的研究主要从两个层面入手。第一个层面是基于《中国统计年鉴》的历史数据，对中国农村居民家庭人均生活消费（以下简称农村居民生活消费）的统计数据进行分析，探究了农村居民生活消费历史变迁过程（1985~2014年），并运用向量自回归（VAR）方法对其生活消费结构（2015~2020年）进行预测，在此基础上从动态的角度分析了农户群体对公共产品的需求演化路径；农户对公共产品的需求源于需要，本章的第二个层面是基于福建省农户调查数据，从新农村建设目标出发，笔者选取了7种农村公共产品，调查了农户个体对这7种农村公共产品的需要紧迫情况，运用层次聚类分析方法得出了农户个体对公共产品的需要排序情况，在此基础上从比较静态的角度推测了农户个体对公共产品的需求演化层次。

第一节　农村公共产品需求演化路径分析：基于农村居民生活消费历史数据

农村居民生活消费包括食品、衣着、居住、家庭设备、医疗保健、交通通信、文教娱乐、其他商品及服务 8 个类别。对我国近 30 年来的农村居民生活消费支出进行分析，可以窥见农户对农村公共产品需求的演化轨迹。

一　需求与农村居民生活消费相关性分析

（一）相关概念界定

关注、分析和预测农村居民生活消费行为变迁，有助于我们更好地理解农户群体对公共产品的需求演化路径。为了更好地分析农村居民生活消费变化情况，我们有必要先对农村居民生活消费及消费结构的概念进行界定。

1. 农村居民生活消费

农村居民生活消费是指农村居民通过消费生活资料来满足自身物质文化生活需要的活动。

2. 农村居民生活消费水平

农村居民生活消费水平是指在一定的生产力水平下，农村居民生活消费需求的满足程度。

3. 农村居民生活消费结构

农村居民生活消费结构指农村居民用于各项生活消费的支出占总消费支出的比例，包括食品、衣着、居住、家庭设备、医疗保健、交通通信、文教娱乐、其他商品及服务等 8 个支出子项目。

改革开放以来，尤其是进入 20 世纪 90 年代以来，农村居民的消费水平有了很大提高。同时，受诸如收入水平、产业结构、民族风俗习惯、消费心理等因素的影响，农村居民的生活消费结构也发生了很大变化。

（二）理论分析

在既定的收入预算下，农村居民消费包括私人产品消费①与公共产品消费，私人产品消费与公共产品消费之间的关系主要表现为两种情况：一是两者在消费上相互替代，表现为一种负相关关系；二是两者在消费上相互补充，表现为一种正相关关系。以下本书就农户对公共产品的需求与其生活消费行为之间的相关性进行具体说明。

首先，本书认为，在既定的收入预算约束下，农村居民生活消费支出的增加会降低其对公共产品的消费需求，反之亦然。这主要是由私人产品消费与公共产品消费在资源利用上存在竞争性，从而导致私人产品与公共产品在消费上存在相互替代关系决定的。以下对此进行详细说明。在农户收入一定的条件下，假定社会上只有私人产品 X 和公共产品 Y 两个产品，私人产品 X 的消费价格一般由市场决定，而公共产品 Y 的价格由农民缴纳的税费来表示。X 和 Y 之间具有相互替代关系（如图 7-1 所示）。两种产品的理论分析也可推广至多种生活消费品与公共产品，结论是相同的。

图 7-1 显示了农村居民私人产品消费与公共产品需求之间存在相互"挤出"效应，是一种负相关关系，例如农村公共教育与私人学校。当私人产品 X 的价格因某种原因从 P_0 上升至 P_1 时，对私人产品 X 的需求从 Q_0 下降到 Q_1，农户对 X 的替代品（即公共产品 Y）的需求则增加，D_y 向右上

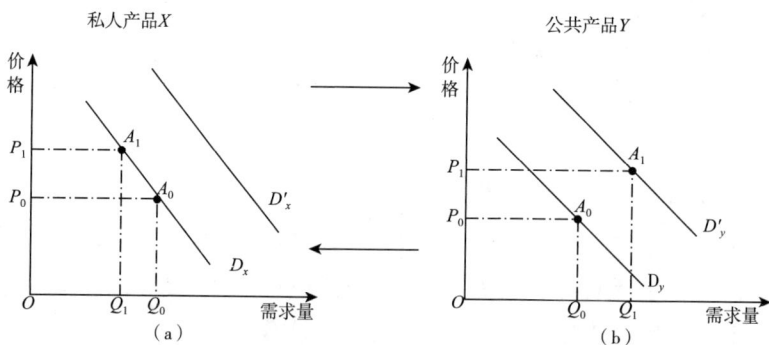

图 7-1　公共产品与私人产品相互"挤出"效应

资料来源：本研究整理而得。

---

① 本书的私人产品消费主要是针对农村居民生活消费中的各个子项目而言的。

方移动至 D'_y，从而导致了公共产品 Y 的需求数量和价格上升。进一步地，公共产品 Y 价格上升又会引起农户对私人产品 X 的需求上升，D_x 向右上方移动至 D'_x，如此反复循环，直至私人产品 X 与公共产品 Y 的价格和数量达到一种稳定均衡的状态。

其次，我们认为，在既定的收入预算约束下，农村居民私人产品消费的增长会扩大其对公共产品的消费需求，反之亦然。这主要是由私人产品与公共产品之间存在相互补充关系决定的，以下对此进行分析说明。在农户收入一定的条件下，同样假定社会上只有私人产品 X 和公共产品 Y 两个产品，私人产品 X 的消费价格一般由市场决定，而公共产品 Y 的价格则由农户缴纳的税费来表示，X 和 Y 之间具有相互补充关系（如图 7-2 所示）。两个产品的理论分析同样也可推广至多个产品，结论也是相同的。

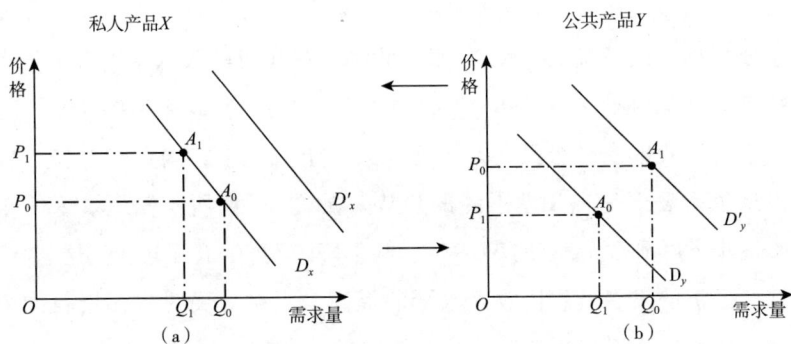

图 7-2 公共产品与私人产品"互补"效应

资料来源：本研究整理而得。

图 7-2（a）、图 7-2（b）显示了农户对私人产品的消费与农户对公共产品需求之间的互补关系，两者间呈现正相关性（如农村通信设施与农村电话消费）。当私人产品 X 的价格因某种原因从 P_0 上升至 P_1 时，对私人产品 X 的需求量从 Q_0 下降到 Q_1，农户对 X 的互补品即公共产品 Y 的需求也下降，D_y 向左下方移动至 D'_y，从而导致公共产品 Y 的需求数量和价格都下降。进一步地，公共产品 Y 的价格下降又反过来会引起农户对私人产品 X 的需求增加，D_x 向右上方移动至 D'_x。如此反复循环，直至私人产品 X 与公共产品 Y 的价格和数量达到一种稳定均衡的状态。

根据上述分析可知，农村居民私人产品消费行为与其公共产品需求之间既存在此消彼长的负相关关系，也存在相辅相成、互相促进的正相关关系。事实上，随着农村社会的变迁、农民收入的增加以及消费观念的转变，农村居民消费水平有了很大的提高，消费结构也日趋完善。而农村居民消费水平的提高、消费结构的完善也必将更多地依赖于农村公共产品的配套供给。因此，农村居民私人产品消费行为与其公共产品需求之间会越来越表现为"互补"型关系，这为我们依据农村居民生活消费的发展变化轨迹来理解农村公共产品需求演化路径提供了可能。

二 从农村居民生活消费状况看需求变迁

（一）从恩格尔系数变化看需求

恩格尔系数是用来衡量人们生活水平提高情况及消费结构优化程度的一个重要指标。改革开放 30 多年来，我国农村居民的收入水平有了很大幅度的提高，人均纯收入从 1985 年的 397.6 元上升到 2014 年的 9892.0 元。从总体上看，我国农村居民的人均纯收入呈上升趋势，与此相对应，农村居民恩格尔系数则呈现长期下降的趋势（如图 7-3 所示），从 1978 年的 67.7% 逐步下降到 2014 年的 37.9%，共下降了约 30 个百分点。这意味着，随着社会经济的发展、农民收入水平的提高，农村居民对生存资料的消费需求趋于饱和，而对发展资料、享受资料的消费需求则逐渐上升。

根据图 7-3 我们还发现，尽管农村居民恩格尔系数总体是逐步下降的，但在某些年份，如 1990 年、1993 年、1994 年、2004 年、2007 年、2008 年、2014 年出现了波动，表现出不降反升的势头。导致恩格尔系数上升的原因是多方面的，其中最主要的原因有三个方面。

一是食品价格的涨幅大于生活消费品价格的增长幅度，农民需要支付更多的费用才能维持原有的食品消费水平。例如，1993 年与 1994 年是我国农村物价指数上涨很高的年份，其中，1994 年食品价格的涨幅甚至超过了商品零售价格指数增长幅度。到 2007 年又出现了猪肉、粮食涨价。当食品价格上涨幅度较大时，为了应对价格上涨造成的生活开支增加，农民不得不降低生活标准，压缩文化、教育、娱乐等产品支出，以满足基本生存需要。因此，这几个年份的农村居民恩格尔系数均出现了不降反升的状况。

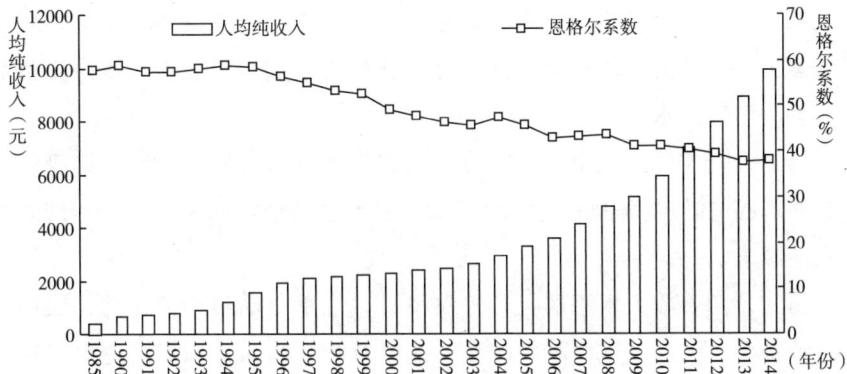

图 7 - 3　1985 ~ 2014 年农村居民人均纯收入与家庭恩格尔系数变化情况

注：农村居民人均纯收入数据系经过调整后的数据（1978 年 = 100）。

资料来源：国家统计局：《中国统计年鉴》（1990 ~ 2015 年），表中农村居民人均纯收入数据按 1978 年不变价格计算。

二是农民增收缓慢，收入波动明显，从而使农民可用于其他商品的支出减少，消费水平下降。如图 7 - 3 所示，1985 年至 1990 年是农民收入缓慢增长阶段，在此阶段农民收入波动非常明显，人均纯收入由 1985 年的 397.6 元增长至 1990 年的 686.31 元，扣除物价影响年均仅增长 2.97%，与 1978 年至 1984 年农民人均纯收入以 17.71% 的年均增长率递增相比，相去甚远。1990 年农村居民恩格尔系数的大幅度上升应与农民实际收入下降有关。

三是农民收入的增加诱发了农村居民食品结构改善。在 2004 年，食品消费主要是副食品消费量的增长在农村居民消费中所占的比重随着其收入的增加不降反增，这说明农民开始重视自身食品结构的优化。另外，2003 年新一轮的通货膨胀和 2008 年的国际金融危机等都对农村居民生活水平产生一定的影响，导致恩格尔系数的小幅上升。

通过对我国农村居民恩格尔系数发展变化过程的分析，我们对农村公共产品需求有了初步的了解。

第一，在改革开放初期，我国农村居民整体生活水平处于从贫困向温饱过渡阶段，农村居民恩格尔系数较高，此时，农民首先考虑的是增加生存资料的消费支出，与之相适应，他们对公共产品的需求更多地倾向于满足发展生产和满足基本生活需要（楚永生、丁子信，2004），因此，诸如生产性基础设施、农村教育、农业科技推广与培训此类的公共产品是农民在公共产品消费中的优先选择。随着农村居民恩格尔系数不断下降，农民对基本公共产品的需求逐步得到满足，开始逐渐加大对发展、提高生活品质资料的消费需求。

第二，受实际收入水平与物价波动起伏的影响，农民对维持自身生存的公共产品有着"亘古不变"的需求，因为这是维持农民生存、实现农民增收的源泉。

第三，随着收入水平的提高，农民日益注重食品结构的优化，农民的食品消费由以前的吃饱向吃好转变，他们对食品的品种和质量提出了更多更高的要求。农民在食品需求结构上的变化导致了其对公共产品的需求变化，以农业科技为例，如今农民不再满足于对扩大农产品产量的农业技术的消费，还增加了对能够研制优质、新型农产品品种的农业科研的消费需求。

（二）农村居民生活消费结构变化分析

长期以来，农村居民生活以自给半自给为主，其生活方式、消费结构也较为单一。例如，从1978年至1980年，农民的生活消费支出除用于衣、食、住之外，剩余支出仅有交通通信一项。进入20世纪90年代以来，随着我国农村经济社会的快速发展，农民生活消费水平有了显著提高，农民的各项支出也有了明显增加。

根据表7-1统计数据，从农村居民生活消费平均支出来看，消费支出大部分仍是用于食品、衣着与居住，这反映出我国农民消费支出的绝大部分用来解决食宿问题，是一种较低消费水平。尽管如此，农民生活消费结构正在发生一些变化，主要表现为农民的食品、衣着、居住三项消费性支出的比重有所降低，由1985年的85.75%下降到2014年的60.70%；农民的医疗保健、交通通信、文教娱乐三项支出的比重不断增加，由1985年的8.06%提高到2014年的31.32%。此外，杂项商品及服务支出的比重也有一定程度的增长。统计数据显示，在农民的消费支出中，交通通信、医疗保健和文教娱乐的增长速度较快，具体地，若按年平均增长速度由高到低排序依次为：交通通信（20.45%）、医疗保健（16.25%）、文教娱乐（15.66%）、其他商品及服务（15.04%）、居住（10.99%）、家庭设备（10.60%）、食品（9.64%）和衣着（8.70%）。

表 7 - 1　1985～2014 年农村居民生活消费结构变化

单位:%

指标 年份	食品	衣着	居住	家庭设备	医疗保健	交通通信	文教娱乐	其他商品及服务
1985	57.79	9.72	18.24	5.12	2.41	1.73	3.92	1.07
1990	58.80	7.77	17.34	5.29	3.25	1.44	5.37	0.74
1991	57.61	8.24	16.46	5.70	3.60	1.66	5.88	0.85
1992	57.55	7.97	15.92	5.56	3.66	1.86	6.64	0.84
1993	58.06	7.19	13.86	5.80	3.53	2.27	7.59	1.70
1994	58.86	6.92	14.00	5.45	3.15	2.36	7.39	1.87
1995	58.62	6.85	13.91	5.23	3.24	2.58	7.81	1.76
1996	56.33	7.24	13.93	5.36	3.71	3.00	8.43	2.02
1997	55.05	6.77	14.42	5.28	3.86	3.33	9.16	1.13
1998	53.43	6.17	15.07	5.15	4.28	3.82	10.02	2.06
1999	52.56	5.83	14.75	5.22	4.44	4.36	10.67	2.17
2000	49.13	5.75	15.47	4.52	5.24	5.58	11.18	3.14
2001	47.71	5.67	16.03	4.42	5.55	6.32	11.06	3.24
2002	46.25	5.72	16.36	4.38	5.67	7.01	11.47	3.14
2003	45.59	5.67	15.87	4.20	5.96	8.36	12.13	2.21
2004	47.23	5.50	14.84	4.08	5.98	8.82	11.33	2.21
2005	45.48	5.81	14.49	4.36	6.58	9.59	11.56	2.13
2006	43.02	5.94	16.58	4.47	6.77	10.21	10.79	2.23
2007	43.08	6.00	17.80	4.63	6.52	10.19	9.48	2.30
2008	43.67	5.79	18.54	4.75	6.72	9.84	8.59	2.09
2009	40.97	5.82	20.16	5.13	7.20	10.09	8.53	2.11
2010	41.09	6.02	19.06	5.34	7.44	10.52	8.37	2.11
2011	40.36	6.54	18.42	5.92	8.37	10.48	7.59	2.32
2012	39.33	6.71	18.39	5.78	8.70	11.05	7.54	2.50
2013	37.67	6.62	18.62	5.84	9.27	12.01	7.34	2.63
2014	33.57	6.10	21.03	6.04	8.99	12.08	10.25	1.94
平均值	48.80	6.55	16.52	5.12	5.54	6.56	8.85	2.06
平均增长	9.64	8.70	10.99	10.60	16.25	20.45	15.66	15.04

资料来源：据《中国统计年鉴》（1990～2015 年）数据整理与测算。

下面我们将具体分析农村居民消费变迁问题。为消除物价变动因素的影响，本节分析所采用的数据均为不变价格数据（1985 年 = 100），详细数据见附表 2 - 2。

首先，从图 7 - 4 可以看出，农村居民用于生活消费支出与衣着、食品、居住支出的费用增长较快，并且在相当长一段时期内，农村居民生活消费支出与食品、衣着、居住等子项目支出的波动幅度均相对较小。

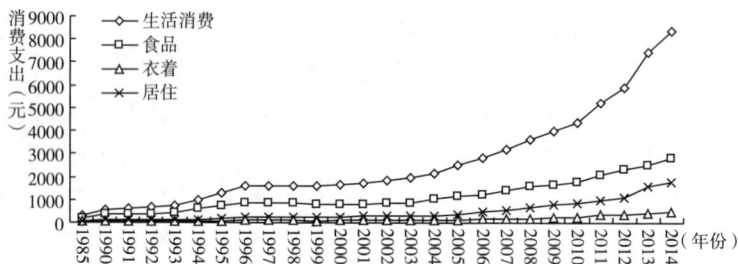

图 7 - 4　1985 ~ 2014 年农村居民生活消费与衣食住支出变化情况

资料来源：《中国统计年鉴》（1990 ~ 2015 年），表中数据按 1985 年不变价格计算。

同时，从图 7 - 5 可看出，从 1985 年至 1995 年左右，农村居民生活消费支出中用于吃、穿、住的比重一般都在 80% 左右徘徊。这说明在此期间我国农民的整体生活水平处于从贫困向温饱过渡阶段，它不可能随时间突然大幅度增加，也不可能随时间突然大幅度减少。农村居民消费结构的变化相对稳定，恩格尔系数相对偏高，衣着和住房支出比重趋于下降，但幅度不大，这反映了农村居民消费水平提高的速度较慢，也反映了这一时期的农民正处于由低水平向中等水平乃至高水平过渡的积蓄阶段。

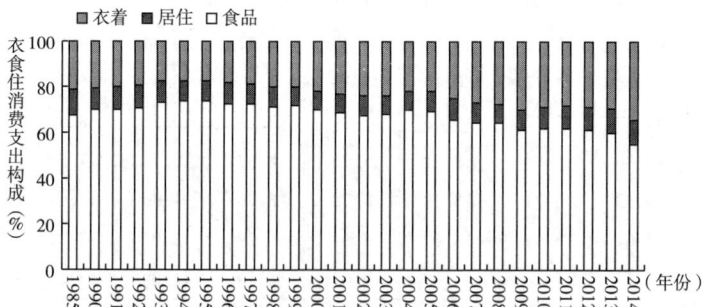

图 7 - 5　1985 ~ 2014 年农村居民衣食住子项目支出变化情况

资料来源：《中国统计年鉴》（1990 ~ 2014 年）。

其次，图7-6反映了农村居民不断加大对物质资料的消费，不断提高对生存资料的消费水平的过程。其中，农村居民交通通信、文教娱乐支出折线图的波动幅度较大，农村居民交通通信、医疗保健与文教娱乐等子项目支出比例折线图波动幅度也相对较大。农民是否能够摆脱贫困、物质与精神文化生活水平是否能得到不断提升，与农村交通通信设施的完善与否密切相关。根据图7-6可以发现，长期以来农民对交通通信设施都有着较为强烈的消费需求，其消费支出水平也在逐年提高。再结合表7-1对农村居民生活消费情况进行分析，可以发现自进入21世纪以来，在物质生活消费需求得以基本满足的情况下，我国农民生活消费步入了一个较高层次的消费阶段，以精神文化生活为主的服务性消费则呈现明显的增长势头。从2000年至2004年，农民用于文教娱乐的支出比重均稳定地保持在11%以上。与此同时，广大农民对食品有了更为多元化的需求，对家庭设备类产品也有了更高层次的需求。这反映了农村居民消费水平提高的速度较快，农村居民正在迈入或已经迈入中等消费水平阶段。

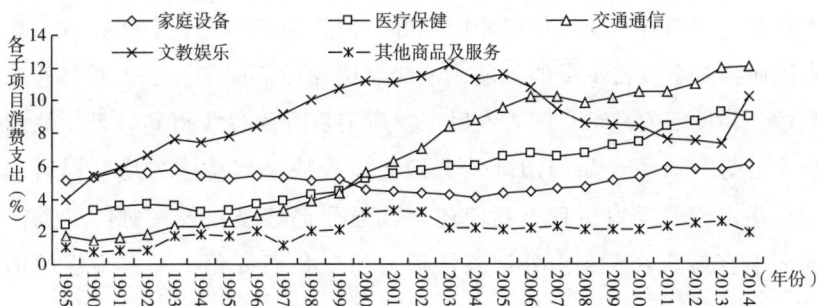

图7-6　1985~2014年农村居民生活消费各子项目支出变化情况

资料来源：《中国统计年鉴》（1990~2015年），图中数据按1985年不变价格计算。

然后，根据上述图表反映的信息，笔者认为对农村居民生活消费异常点进行关注是很有必要的。农村居民生活消费深受经济运行规律的影响，这些异常点通常与我国农村经济形势的变化相关联，了解这些消费异常点出现的原因，可以对农村居民消费需求变迁有个更为深刻的认识。从上述图表可以看出，农村居民生活消费出现较大波动的"拐点"主要集中在1993年、1998年、2004年、2007与2008年。自1993年至1996年，农民收入有了较大幅度上升，但由于这一时期的物价上涨也很快，农民不得不将增加的收入更多地用于衣着、食品、居住方面的开支；从 1997 年开始，农民除了衣着、食品、居住之外的其他支出费用都有了不同程度的增加，其中从 1997 年至 2003 年，农村居民人均纯收入出现了一些波动，其增幅连续 7 年没有超过 5%，这势必又影响到农民对食品的需求。并且，为了改变收入增长缓慢的现状，农民必然会对农村的生产基础设施如农田水利设施、交通通信等有着较多的需求；由于农民对食品需求结构发生了新的变化，他们对食品的需求观念从注重吃饱逐渐向注重吃好转变，从而形成了 2004 年农村居民食品消费支出波动上升的局面。与此同时，为维持收入增长与生活水平发展的需要，农民也不断加大了对交通通信设施以及医疗保健的消费。此外，2003 年新一轮的通货膨胀，2007 年出现新一轮的猪肉、粮食涨价，以及 2008 年的国际金融危机等都对农村居民生活水平产生一定的影响，导致农村居民食品消费支出的小幅上升。

最后，对农村居民生活消费情况做一个综合分析。随着农村居民生活消费支出的不断增加，农民用于衣着、食品、居住方面的支出虽然也不断增加，但增加幅度相对较慢。并且，农村居民对食品的追加消费不仅仅满足于吃饱，他们开始注重如何才能吃好，使食品结构得以改善；收入增加对农民而言是个亘古不变的主题，因此无论在任何时期，农民总是存在对基础性公共设施的需求；随着农民在物质消费方面逐步得到满足，他们对医疗保健等发展类产品的边际消费倾向以较快速度持续递增。同时，根据农村居民消费发展历程，我们还可以强烈地感受到农民对各种类消费品的需求容易随着农业内外部经济形势的变化而变化，具有很强的消费弹性。

（三）从农村居民生活消费状况看需求变迁

在不同发展时期，农村居民生活消费支出水平及构成总是处于不断调整之中，其公共产品需求及需求结构也随之不断调整。基于 1985～2014 年的历史数据，通过对农村居民生活消费水平及消费构成的历史变迁进行分析，我们可以从总体上把握农村公共产品需求变化历程。

首先，当农民还在为自身温饱问题所困扰时，他们首先考虑的是增加与生存资料有关的公共产品需求。在此阶段，正在努力脱贫的农民会将收入主要用于生产投入，与之相适应，他们对公共产品的需求更多地倾向于发展生产和建设满足基本生活需要的农村基础设施等，如农田水利工程建设、农业科技推广等，对于交通通信、医疗保健的需求较少。

其次，当农民逐步摆脱贫困之后，他们对住房和一些基本耐用消费品的消费需求达到阶段性饱和，相对增加了非耐用消费品的支出。随着农村人口流动性的加强以及外出务工经商农民的增多以及农民对生活及自身卫生健康状况的日益重视，交通通信和医疗保健费用在农村消费支出中所占比例不断增加，农民在交通通信、医疗保健方面消费的快速增长反映了农民对交通通信、医疗保健类公共产品供给的强烈需求。同时，从农村居民消费的历史数据可以看出，实现温饱之后的农民用于家庭设备方面的支出没有发生明显变化，与农民收入增加、购买力增强的事实不符，这与很多农村地区至今仍缺乏与这方面产品相配套的公共设施有关。随着农民对家庭设备等新型耐用消费品消费需求的增加，他们对此方面的公共产品必会有着更多的消费需求。

再次，随着农民的生活水平逐步向小康水平迈进，他们对于食品、住房等基本公共产品的物质消费需求基本得到满足，对于能够提高其生活质量的产品将表现出更强的消费倾向。在此阶段，农民在食品消费上已不再满足于吃饱，而是更加注重吃好，他们对食品有着多元化需求，因此，他们对于有助于开发新品种、优质农产品的农业科研投入有着较高的需求。富裕起来的农民不再仅限于追求物质生活的改善，而是更加注重于精神文化生活的充实。此时，满足基本生存的公共产品在农民需求中的重要性持续下降，满足发展需要的公共产品给农户带来的效用也有所降低，精神文化方面的公共产品（如文教娱乐用品及服务等）在农民需求中不再扮演一个不起眼的角色，而是日益成为农民公共产品需求增长的一个亮点。

最后，根据前面对于农村居民生活消费演变历程的分析可知，农民在经受外部经济力量冲击的时候对不同公共产品的消费倾向容易发生波动，例如，1994年农民对食品消费的增加，就会使农户增加对发展粮食生产、增加收入的公共产品（如农业科技、农村基础设施等公共产品）的需求，同时压缩对其他类公共产品（如农村医疗保健、交通通信）的需求。这反映了农民对公共产品的需求在需求结构上具有伸缩性或者说是具有反复性。

三　从农村居民生活消费预测看需求发展

本节主要是基于 1990～2014 年的农村居民生活消费支出构成数据序列建立向量自回归（VAR）模型，对 2015～2020 年农村居民消费情况进行预测，并根据农村公共产品需求与农村居民消费行为的相关关系，对农村公共产品需求发展趋势进行探究。

（一）农村居民生活消费预测

1. 数据收集及处理

本书收集了 1990～2014 年的农村居民生活消费支出构成数据，具体数据如表 7-1 所示。为了研究的方便，本书将衣着、食品、居住（以下简称衣食住）合并为一项，设 1990～2014 年各年衣食住支出构成为 fcr_1，fcr_2，…，fcr_{18}，对其余 4 个子项目如家庭设备、医疗保健、交通通信以及文教娱乐支出构成①的设置类似。

为了避免对非平稳序列进行回归造成"伪回归"问题，在建模以前首先应检验所选择的 8 个变量的时间序列的平稳性。我们对各序列利用扩展的 Dickey - Fuller（ADF）统计量进行检验，结果②如表 7-2 所示。

表 7-2　时间序列的单位根检验

序　列	ADF 统计量	临　界　值	
衣食住	-1.25	1% Critical Value	-3.92
		5% Critical Value	-3.07
		10% Critical Value	-2.67
家庭设备	-1.20	1% Critical Value	-3.92
		5% Critical Value	-3.07
		10% Critical Value	-2.68

---

①　由于其他商品支出构成所占比重极小，本书在构建向量自回归模型中暂不将其考虑在内。

②　本节的检验结果均是在 Eviews3.1 支持下完成。

续表

序　列	ADF 统计量	临　界　值	
医疗保健	− 0.13	1%　Critical Value	− 3.92
		5%　Critical Value	− 3.07
		10%　Critical Value	− 2.68
交通通信	0.22	1%　Critical Value	− 3.92
		5%　Critical Value	− 3.07
		10%　Critical Value	− 2.68
文教娱乐	− 1.87	1%　Critical Value	− 3.92
		5%　Critical Value	− 3.07
		10%　Critical Value	− 2.68

资料来源：模型估计结果。

　　检验结果显示，5 个变量的时间序列的 ADF 值均大于 3 个给定的临界值，可见 5 个序列均是非平稳序列，这样一来，我们就应该继续对 5 个变量的差分序列进行单位根检验。检验结果表明，变量如衣食住、家庭设备、交通通信以及文教娱乐支出构成的二阶差分序列的 ADF 值小于 1% 水平下的临界值，变量如医疗保健以及其他商品及服务支出构成的二阶差分序列的 ADF 值小于 5% 水平下的临界值（详见表 7 - 3），可见，这 5 个变量的二阶差分序列为平稳序列，因此这 5 个序列都属于二阶单整 I（2）。

表 7 - 3　二阶差分序列的单位根检验

序　　列	ADF 统计量	临　界　值	
衣食住	− 4.74	1%　　Critical Value	− 4.01
		5%　　Critical Value	− 3.10
		10%　　Critical Value	− 2.69
家庭设备	− 4.53	1%　　Critical Value	− 4.01
		5%　　Critical Value	− 3.10
		10%　　Critical Value	− 2.69
医疗保健	− 3.26	1%　　Critical Value	− 4.01
		5%　　Critical Value	− 3.10
		10%　　Critical Value	− 2.69

续表

序 列	ADF 统计量	临 界 值		
交通通信	- 4. 33	1%	Critical Value	- 4. 01
		5%	Critical Value	- 3. 10
		10%	Critical Value	- 2. 69
文教娱乐	- 4. 60	1%	Critical Value	- 4. 01
		5%	Critical Value	- 3. 10
		10%	Critical Value	- 2. 69

资料来源：模型估计结果。

2. VAR 模型的建立

向量自回归（VAR）模型常用于预测相互联系的时间序列系统，它是通过把系统中每一个内生变量作为系统中所有内生变量的滞后值的函数来构造模型。本书将 VAR（p）模型设定为：

$$y_t = A_1 y_{t-1} + A_2 y_{t-2} + \cdots + A_p y_{t-p} + \varepsilon_t \quad t = 1,2,\cdots,T \tag{7.1}$$

其中，y_t 是 5 维内生向量[①]，即 y_t = （fcr_t，$equip_t$，$health_t$，$trans_t$，edu_t），T 是样本个数，p 是滞后阶数，ε_t 是 5 维扰动向量，A_1，A_2，$\cdots$，A_p 为参数矩阵。

建立 VAR 模型一个重要的技术问题是确定最大滞后阶数 p。p 如果太小，误差项的自相关有时会很严重，p 如果太大又会导致自由度减小，从而影响待估参数的有效性。本书对 5 个变量综合运用调整后的样本决定系数（Adjusted R^2）、AIC（AKaike Information Criterion）信息准则和 SC（Schwarz Criterion）信息准则等检验方法，确定最大滞后阶数 p，根据表 7 - 4，我们对这 5 个变量的序列构建 VAR（2）模型。

[①] 为了模型构建的方便，本书将衣食住这一同类消费支出构成合并。此外，由于其他商品支出在农村居民消费支出中所占比重很小，且历年来波动幅度都极小，故本书构建的 VAR 模型在向量设置中不将其他商品支出纳入。

表 7 - 4　各变量序列 VAR 模型最大滞后阶数的确定结果

	p	Adj. R - squared	AIC	SC	Log likelihood
衣食住	(-2)	0.94	3.68	3.83	-26.44
家庭设备	(-2)	0.80	0.20	0.34	1.41
医疗保健	(-2)	0.94	0.74	0.89	-2.96
交通通信	(-2)	0.99	1.06	1.20	-5.45
文教娱乐	(-2)	0.89	1.96	2.11	-12.69

资料来源：模型估计结果。

根据模型估计结果，包含各序列的具体 VAR（2）模型方程表示如下：

$$fcr_t = \delta + \phi_{fcr1}fcr_{t-1} + \phi_{fcr2}fcr_{t-2} + \phi_{equip1}equip_{t-1} + \phi_{equip2}equip_{t-2} + \phi_{health1}health_{t-1} +$$
$$\phi_{health2}health_{t-2} + \phi_{trans1}trans_{t-1} + \phi_{trans2}trans_{t-2} + \phi_{edu1}edu_{t-1} + \phi_{edu2}edu_{t-2} + e_t \quad (7.2)$$

$$equip_t = \delta + \phi_{fcr1}fcr_{t-1} + \phi_{fcr2}fcr_{t-2} + \phi_{equip1}equip_{t-1} + \phi_{equip2}equip_{t-2} + \phi_{health1}health_{t-1} +$$
$$\phi_{health2}health_{t-2} + \phi_{trans1}trans_{t-1} + \phi_{trans2}trans_{t-2} + \phi_{edu1}edu_{t-1} + \phi_{edu2}edu_{t-2} + e_t \quad (7.3)$$

$$health_t = \delta + \phi_{fcr1}fcr_{t-1} + \phi_{fcr2}fcr_{t-2} + \phi_{equip1}equip_{t-1} + \phi_{equip2}equip_{t-2} + \phi_{health1}health_{t-1} +$$
$$\phi_{health2}health_{t-2} + \phi_{trans1}trans_{t-1} + \phi_{trans2}trans_{t-2} + \phi_{edu1}edu_{t-1} + \phi_{edu2}edu_{t-2} + e_t \quad (7.4)$$

$$trans_t = \delta + \phi_{fcr1}fcr_{t-1} + \phi_{fcr2}fcr_{t-2} + \phi_{equip1}equip_{t-1} + \phi_{equip2}equip_{t-2} + \phi_{health1}health_{t-1} +$$
$$\phi_{health2}health_{t-2} + \phi_{trans1}trans_{t-1} + \phi_{trans2}trans_{t-2} + \phi_{edu1}edu_{t-1} + \phi_{edu2}edu_{t-2} + e_t \quad (7.5)$$

$$edu_t = \delta + \phi_{fcr1}fcr_{t-1} + \phi_{fcr2}fcr_{t-2} + \phi_{equip1}equip_{t-1} + \phi_{equip2}equip_{t-2} + \phi_{health1}health_{t-1} +$$
$$\phi_{health2}health_{t-2} + \phi_{trans1}trans_{t-1} + \phi_{trans2}trans_{t-2} + \phi_{edu1}edu_{t-1} + \phi_{edu2}edu_{t-2} + e_t \quad (7.6)$$

其中，*fcr* 代表衣食住支出构成、*equip* 代表家庭设备支出构成、*health* 代表医疗保健支出构成、*trans* 代表交通通信支出构成、*edu* 代表文教娱乐支出构成，δ 为常数项，e_t 为随机扰动项，ϕ_{I1}、ϕ_{K2}（I，K = *fcr*、*equip*、*health*、*trans*、*edu*）为参数。

3. 模型结果及预测

根据模型回归结果（具体模型估计结果详见附表 2 - 1）可知，回归函数的决定系数分别达到 0.986、0.8894、0.9586、0.9903 及 0.9841，这表明向量自回归模型的拟合优度好，而且其他的检验统计量均有良好表现，故该模型可用于实证分析。关于农村居民各子项目消费支出构成的计量经济模型估计结果表示如下：

$$fcr_t = -0.2258fcr_{t-1} - 0.3458fcr_{t-2} + 1.8855equip_{t-1} - 0.3976equip_{t-2} -$$

$$3.0636health_{t-1} + 0.5021health_{t-2} + 3.757trans_{t-1} - 3.9496trans_{t-2} -$$

$$2.2834edu_{t-1} - 0.5022edu_{t-2} + 145.2171 \tag{7.7}$$

$$equip_t = 0.0357fcr_{t-1} + 0.0045fcr_{t-2} - 0.0724equip_{t-1} + 0.5284equip_{t-2} +$$

$$0.3856health_{t-1} - 0.3452health_{t-2} - 0.5829trans_{t-1} -$$

$$0.4045trans_{t-2} + 0.1423edu_{t-1} - 0.3073edu_{t-2} + 0.4101 \tag{7.8}$$

$$health_t = 0.2253fcr_{t-1} + 0.1564fcr_{t-2} - 0.2098equip_{t-1} - 0.1616equip_{t-2} +$$

$$1.2354health_{t-1} - 0.2health_{t-2} - 0.4544trans_{t-1} +$$

$$0.6807rans_{t-2} + 0.3528edu_{t-1} + 0.4134edu_{t-2} - 34.4188 \tag{7.9}$$

$$trans_t = -0.0015fcr_{t-1} + 0.1671fcr_{t-2} - 0.71854equip_{t-1} - 0.1191equip_{t-2} +$$

$$0.1463health_{t-1} + 0.4522health_{t-2} - 0.1775trans_{t-1} +$$

$$0.9513trans_{t-2} + 0.5258edu_{t-1} - 0.05edu_{t-2} - 13.3123 \tag{7.10}$$

$$edu_t = 0.1853fcr_{t-1} - 0.0842fcr_{t-2} - 1.2015equip_{t-1} - 0.434equip_{t-2} +$$

$$0.9427health_{t-1} - 0.2545health_{t-2} - 2.3055trans_{t-1} +$$

$$1.6839trans_{t-2} + 1.5435edu_{t-1} - 0.1957edu_{t-2} - 1.6112 \tag{7.11}$$

根据以上模型结果对农村居民消费结构进行预测，结果如表 7-5 所示。

表 7-5　农村居民生活消费结构预测结果（2015~2020 年）

单位:%

年份	衣食住	家庭设备	医疗保健	交通通信	文教娱乐	其他商品及服务
2015	59.02	4.53	7.98	15.46	10.41	2.60
2016	58.23	4.54	8.11	16.12	10.39	2.61
2017	57.49	4.55	8.24	16.95	10.37	2.55
2018	56.79	4.56	8.37	17.49	10.36	2.43
2019	56.08	4.57	8.49	18.19	10.34	2.32
2020	55.36	4.57	8.62	18.76	10.35	2.20
平均值	57.16	4.55	8.30	17.16	10.37	2.45

注：对其他商品消费支出构成的预测是在其他 7 项支出构成的基础上计算而得。

资料来源：模型估计结果。

根据表 7 - 5 的预测结果可以发现，食品、衣着、居住仍为我国农村居民消费的主体，但是比重将持续下降，医疗保健、交通通信与文教娱乐 3 项服务性支出的比重将快速上升。根据本书的预测，到 2020 年，农村居民衣食住消费支出比重将从 1990 年的 83.91% 下降到 55.36% 左右，而医疗保健、交通通信消费支出的比重将从 1990 年的 4.69% 上升到 27.38%，文教娱乐消费支出比重增长也较为明显，成为农民消费支出中的一个亮点，到 2020 年，其支出比重将达到 10.37%。

（二）从生活消费预测看需求发展

对农村居民的消费结构进行预测的目的是要增进我们对农民公共产品需求演化趋势的理解。从本书的预测结果来看，至 2020 年农村居民的恩格尔系数为 34.10%，达到小康水平，这就意味着在既定的收入水平下，我国农民会将更多的支出用于食品之外的消费项目上，如耐用消费品、文教娱乐服务等。与此同时，随着我国经济体制改革的深入，农村医疗、教育及社会保障等制度改革的加快，必然会刺激农民对教育、农村医疗卫生与社会保障的需求。随着农村社会的变迁，农村人口的流动更为频繁，他们与外界联系也更为紧密，因此，农民会对有助于自己与外界沟通交流的交通通信设施有着更多的消费需求。本书的预测结果也反映了当前我国农村居民消费水平正处于由中等水平向高水平过渡的积蓄阶段。在这一阶段，农民用于生存型消费品的支出逐渐减少，对发展型、享受型消费项目有了更为浓厚的兴趣，但他们对这些项目的消费倾向并不是平均分布的，而是体现了其自身的最佳主观消费效用。

四　农村公共产品需求演化路径分析

综上所述可知，农村公共产品需求是个动态概念，具有高度的时空与外部情境依赖性。一方面，随着时间和空间的变化，农户需求会发生量和质的变化；另一方面，农户不是被动地适应环境的变化，他们会主动地寻求需求的变异。在这样一个互动机制的作用下，农户对公共产品的需求不断地进行演化。基于农村居民生活消费数据的探讨分析，我们可以对农民群体公共产品需求演化路径作出以下判断。

第一，传统的农村公共产品，如农田水利等基础设施，在自然条件与历史条件下形成的供给格局已经比较稳定，从长期来看，农民对这一类公共产品的需求出现一定程度的下降。但中国农村生产组织的分散化、农业部门的特殊性、农产品市场的风险性以及广大农民弱势群体的地位，决定了广大农民无论是在生产还是在生活上对此类农村公共产品均有很大的依赖性，因此，农民对此类公共产品的需求将会长期存在。

第二，随着农民生活水平的不断提高，他们对交通通信、医疗保健、农业科技等公共产品的需求呈现快速增长的趋势。这是因为随着时代的变迁，科技日益促进成为农业生产效率提高、农民收入增加的内在变量。同时随着农村人口流动性的加强以及外出务工经商农民的增多，他们对交通通信设施有了更多的需求。此外，随着农户群体生活水平的提高，他们对生活及自身卫生健康状况日益重视，这势必又会增加其对农村医疗保健服务的需求。

第三，出于对小康生活的追求以及人的素质全面提高的发展要求，农民对促进生活发展层面的公共产品（如文教娱乐）的需求已开始显性化。

第四，由于农业生产效益既取决于各种投入，又直接受自然条件的影响，同时农产品需求弹性小，农业承担着相当大的市场风险（张军、蒋维，1998）。农业生产的此种内在不稳定性会导致农民对公共产品的需求特别是基础设施的需求出现反复或徘徊。另外，随着农业、农村内外部经济形势的变化，如通货膨胀、收入变动、金融危机等，农民对公共产品的需求方向和重点也会出现波动。

第二节 农村公共产品需求演化层次分析：
基于福建省农户调查数据

农户对公共产品的需要，是其需求的起点和归宿。因此，我们对横向层面的农村公共产品需求演化层次的分析，就从农户对公共产品的需要开始。

笔者以马斯洛需要层次理论为指导，根据福建省农户调查数据，按照农户对各种公共产品的需要紧迫程度，运用层次聚类分析方法，对农户的公共产品需要紧迫程度的位序结构进行分析，并在此基础上推导不同农户个体对公共产品的需求演化层次。

一 农村公共产品需要排序情况分析

(一) 数据来源及公共产品种类

本节分析的数据同样来源于笔者 2007 年 12 月～2008 年 2 月对福建省 32 个村庄 305 个样本农户进行的调查。笔者在福建省 8 个地区 12 个县 (市) 18 个乡镇选择了 32 个行政村的 320 个农户对其公共产品需要紧迫程度进行了调查,最后形成有效样本 305 个。由于农村公共产品的种类非常之多,笔者的调查以建设"生产发展、生活宽裕、乡风文明、村容整洁、管理民主"的社会主义新农村为目标,将农村公共产品归纳为以下 7 类:农村基础设施、农村科技及信息、农村文化健身娱乐设施与服务、农村教育、农村医疗和保障、农村环境保护、村民自治。其中,农村基础设施主要是指农田水利、农村道路、电力、自来水、通信、卫生等生产性基础设施;农村科技及信息主要指农业技术推广、农业科学知识普及、农业技能培训、农村信息化;农村教育包括农村基础教育、职业教育、成人教育和农业技术推广教育培训等;农村医疗和保障是指农村医疗卫生保健、社会保障;农村环境保护主要包括农村垃圾处理、生活污水处理、生态环境保护等。在问卷调查中,笔者请农户根据自身需要的紧迫程度对这 7 大类别的农村公共产品进行排序。

(二) 需要排序情况的描述性统计分析

1. 样本村及其村民基本情况分析

本书所调查的 32 个样本村自然条件和资源条件均存在差异,其经济发展水平也不尽相同。村庄之间的差异主要体现在村民人均纯收入水平方面,笔者在这里首先对各样本村的村民人均纯收入水平进行介绍。

根据 2006 年福建省 32 个村农民人均纯收入水平情况 (详见表 7-6),样本村大致可被分为三种类型①:高收入地区 (年人均纯收入达 5000 元以

---

① 类型划分以 2007 年全国农民人均纯收入 4140 元为标准,地区农民人均纯收入水平超过这一标准的被划分为高收入地区,接近这一标准的为普通收入地区或称中等收入地区,低于这一标准的为低收入地区。

上）包括 9 个村庄；中等收入地区（年人均纯收入达 3000～5000 元）包括 20 个村庄；低收入地区（年人均纯收入低于 3000 元）包括 3 个村庄。从笔者的调查结果来看，高收入地区的农民收入主要来源于第二、第三产业，而非农业，这一结果可以初步说明高收入地区农民对农村基础设施类公共产品需要程度相对较低。低收入地区的农民收入主要来自农业，如种植业、渔业、畜牧业等，由于农业是一个非常依赖公共基础设施投入的产业，良好的基础设施建设可以降低农民私人生产成本、拓宽农业生产可能性边界，因此低收入地区农户会对农村基础设施类公共产品更有需要。中等收入地区的农民的收入来源比较多元化，既包括非农或打工收入，也包括农业收入，这说明中等收入地区的农民对公共产品有着多元化的需要。

表 7-6　2006 年福建省样本村村民人均纯收入

村　名	纯收入	村　名	纯收入	村　名	纯收入	村　名	纯收入
聚仙村	2	池浦村	4	下梅村	4	东埔村	5
鹿角村	3	大产村	4	双坑村	4	码头村	5
潭口村	3	朱中村	4	上莲村	4	普贤村	5
坂西村	4	黄石村	4	水口村	4	山头村	5
白汀村	4	后佳村	4	田中村	4	三溪村	5
保林村	4	集凤村	4	汤下村	4	梧埔村	5
城村	4	金沙村	4	霞溪村	4	霞阳村	5
星村	4	继新村	4	湖东村	5	新杏村	5

注：1 = 1000 元以下；2 = 1000～2000 元；3 = 2000～3000 元；4 = 3000～5000 元；5 = 5000～10000 元；6 = 10000 元以上。

资料来源：作者根据实地调查数据整理而得。

农户收入水平的差异是导致他们在消费支出结构上产生差异的重要原因。就样本村农户的恩格尔系数而言（详见表 7-7），在高收入地区，农户生活消费支出的恩格尔系数普遍较低，这意味着农户对于促进自身发展、改善生活品质的私人产品投入能力增强，对这些产品具有更高的消费意愿。与之相适应，这些农户对与这些私人产品相关的发展类公共产品以及有助于提高生活品质的公共产品有着更多的需要。而在恩格尔系数较高的低收入地区，农户考虑更多的是维持自身生存问题，反映在公共产品上，他们对有助于维持自身生存的公共产品（如农村基础设施）会更有需要。中等收入地区的农户情况则介于上述两者之间。另外，再从样本村农户的消费结构来看，在高收入与中等收入地区，农户用于交通通信、文教娱乐、医疗保健的消费支出在生活消费总支出中所占比例较大，这说明了农户对改善生活品质的文教娱乐用品、医疗保健服务更有需要，然而目前在这一领域农村公共产品供给还比较匮乏。

表 7 – 7　2006 年不同收入水平下样本农户生活消费支出构成情况

单位：%

类型	食品	衣物	居住	家庭设备	交通通信	文教娱乐	医疗保健	其他商品及服务
总体农户	43.27	5.38	16.46	5.19	10.43	9.27	6.76	3.15
高收入	40.56	6.19	16.83	5.22	10.74	10.32	8.10	2.04
中等收入	46.13	5.76	14.25	4.24	10.39	8.71	7.28	3.24
低收入	56.63	4.07	12.17	3.11	9.88	7.34	4.45	2.35

资料来源：作者根据实地调查数据整理与测算。

2. 需要排序情况的描述性统计分析

笔者在调查中让农户按照其需要紧迫程度对前述 7 类公共产品进行排序，各类公共产品在不同的位次上出现的频数如表 7 – 8 所示。根据表 7 – 8 的结果，可以发现在第一位出现频数最多的是"基础设施"，出现了 146 次；在第二位出现频数最多的是"科技及信息"，出现了 83 次；在第三位出现频数最多的是"医疗和保障"，出现了 94 次；在第四位出现频数最多的是"环境保护"，出现了 131 次；其余依次为"农村教育"（131 次）、"文化健身娱乐设施与服务"（119 次）、"村民自治"（154 次）。

表 7 – 8　农户对公共产品需要紧迫程度排序情况

种　类	第一位	第二位	第三位	第四位	第五位	第六位	第七位
基础设施	146	81	25	23	14	10	5
科技及信息	95	83	44	45	10	6	12
文化健身娱乐设施与服务	0	3	5	8	9	119	142
农村教育	14	20	53	61	131	25	1
医疗和保障	8	77	94	48	18	7	3
环境保护	6	3	52	131	91	18	4
村民自治	2	12	15	10	12	110	154

资料来源：作者根据实地调查数据整理与测算。

（三） 需要排序情况的层次聚类分析

1. 层次聚类分析

（1）聚类分析方法原理。根据以上描述性统计分析，可以得出农户对 7 类公共产品需要紧迫程度排序分布的一个一般性认识。由于这些公共产品排序分布并不平均，农户对以上 7 种类别公共产品的需要迫切程度在不同的位次出现了不同的频数，本书运用层次聚类法对这 7 类公共产品按照农户需要紧迫程度调查结果进行排序、分类。层次聚类法是一种应用广泛的分类技术，它把性质相近的个体归为一类，使得同一类中的个体具有高度的同质性，不同类之间的个体具有高度的异质性。对这 7 类公共产品进行层次聚类的实现过程如下所述。

首先，将 7 条数据各自作为一个类别，按照所定义的距离计算各数据点之间的距离，形成一个距离矩阵。

其次，将距离最近的两条数据并为一个类别，从而形成了 6 个类别，计算新产生的类别与其他各个类别之间的距离或者相似度，形成新的距离矩阵。

最后，按照和第二步相同的原则，再将距离最接近的两个类别合并，这时如果类别的个数仍然大于 1，则继续重复第一步骤，直到所有的数据都被合并成为一个类别为止。

（2）层次聚类法类别间距离的计算方法。运用层次聚类法的一个核心问题是计算类与类之间的距离，本书采用的方法是离差平方和法，它是由沃尔德首先提出的，所以也常称为沃尔德法。其基本思想是同一类内案例的离差平方和应该较小，不同类之间案例的离差平方和应该较大。求解过程是首先使每个案例自成一类，每一步使离差平方和增加最小的两类合并为一类，直到所有的案例都归为一类为止。离差平方和要求案例之间的距离必须采用欧式平方距离，它倾向于把案例数少的类聚到一起，发现规模和形状大致相同的类。离差平方和是分类效果较好，在社会科学领域应用较广泛的聚类方法（张文彤，2004）。

（3）聚类分析结果。由于 7 个指标变量含有相同的量纲，因此在计算距离矩阵之前不必对数据进行标准化处理。具体的聚类结果如图 7 - 7 所示。

```
       CASE      0      5      10     15     20     25
       Num     +-----+-----+-----+-----+-----+-----+-----+
label
 wants1    1  ┐
 wants2    2  ┤
 wants4    4  ┤
 wants5    5  ┤
 wants6    6  ┤
 wants3    3  ┤
 wants7    7  ┘
```

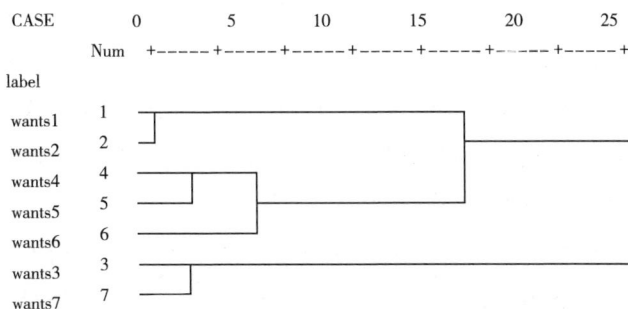

图 7 - 7　农户公共产品需要层次聚类分析谱系图

注：wants1 - 7 依次表示农村基础设施、农村科技及信息、农村文化健身娱乐设施服务、农村教育、农村医疗和保障、农村环境保护和村民自治。

资料来源：根据模型结果而得。

2. 聚类分析结果解释

聚类分析结果表明，按照农户需要紧迫程度，可将这 7 类公共产品归纳为 3 类，下面将对这 3 类公共产品的特征进行解释。

第一类是农村基础设施、农村科技及信息。在图 7 - 7 中，这两类公共产品在聚类分析中被归为一类。在表 7 - 8 的农户对公共产品需要紧迫程度排序中，这两类公共产品分别在第一位次和第二位次出现频数最多，这说明了在现阶段对多数农户而言，农村基础设施、科技及信息仍是极为重要的。农村基础设施、科技及信息这两类公共产品是生产性公共产品，它们都是农户在生产过程中所不可缺少的，此类公共产品有助于维持农户的基本生存，可将其称为满足农户维持基本生存需要的公共产品。

第二类是农村教育、农村医疗和保障、农村环境保护。在图 7 - 7 中，这 3 类公共产品可以被聚成一类。结合表 7 - 8 可以看出，在这 3 类公共产品中，农民对农村医疗和保障的需要尤为强烈，对农村环境保护的需要次之，对农村教育的需要最弱。随着农村经济的发展，多数农户已经摆脱贫困，解决了温饱问题，开始走上致富之路，他们对自身的卫生健康更为关注。同时，由于近年来农村耕地减少和劳动力较大规模外流，农民就业形式和农户家庭结构均发生了巨大变化，传统的家庭养老模式难以为继（陈俊红、吴敬学、周连第，2006），受这些因素的影响，农户对于农村医疗和保障的需求大大提升。农村教育类公共产品特别是职业教育等有助于提高农户自身素质、增强其就业与增收能力，农户对此类公共产品需要的增加也反映了逐步富裕起来的农户追求自身进一步发展的愿望。农村环境卫生直接与农户的生产、生活密切相关，良好的环境卫生有助于提高农业生产效益，促进农村经济可持续发展，因此，农户对环境保护这一类公共产品的需要强度级别较高。综合以上分析，可以将这一类公共产品称为满足农户促进自身发展需要的公共产品。

第三类是农村文化健身娱乐设施与服务、村民自治。在图7-7中，这两类公共产品在聚类分析中被归为一类。在表7-8中，这两类公共产品出现的最高频数主要是分布在第六和七位次。这说明随着新农村建设的推进和农村文明程度的提高，农户对于丰富精神生活的文化健身娱乐类公共产品的需要程度将呈现提高的趋势，农户参与村民自治的热情将逐步提高。可将这一类公共产品称为满足农户实现自我完善需要的公共产品。

二 从需要排序情况看需求演化层次

（一）公共产品需求与需要相关性分析

从微观经济学出发，农户对公共产品的需要是指农户对某种公共产品既有缺乏的感觉，又有获取的愿望，农户对公共产品的需要可以是不受约束的。农户对公共产品的需求则是指农户在特定资源、时间和其他客观条件的制约下愿意消费某种公共产品的欲望。农户对公共产品的需求可被视为在具体时间、条件、环境之约束下需要的特定体现，它在关注需要的同时还强调其他相关的诸多方面，例如是否具有相应的财力、物力资源支撑。由此可见，农户对公共产品的需要是其需求的基础，而农户对公共产品的需求则是其需要的具体体现。因此，要了解农户对公共产品的需求演化层次，首先要了解他们对公共产品的需要层次。

按照美国学者马斯洛的需要层次理论，个体的需要可以被划分为多个层次，也即个人的需要具有多层性，同一时期，不同个体所表现出来的各种需要迫切程度是不同的，它是依次由较低层次向较高层次发展。一般地，个体只有在满足了一个较低层次的需要之后，才会去追求另一个较高层次的需要。个体总是在不断地追求需要满足的最大化，但是这种需要能否实现以及实现到什么程度，要受到资源、时间和其他客观条件的制约。

同时，马斯洛的需要层次理论还认为，在同一时期，不发达国家或地区中较低需要占主导的人数比例较大，而高级需要占主导的人数比例较小，而发达国家或地区的情况则正好相反。

目前，马斯洛需要层次理论在许多社会领域中都被广为接受，因为它反映了社会中许多人所具有的或被推断的需要。马斯洛需要层次理论对我们分析农户对公共产品的需要情况具有很大的启发作用。农户对农村公共产品的需要是一种客观存在，它主要表现为农户的愿望、意向。受经济、人口与心理等变量的影响，农户对公共产品的需要多种多样，这些差异化的需要分别隶属于不同类型的层级，而对于农户每一层级的需要，就有对某一（组）公共产品相应的需求。

（二）从需要排序情况看需求演化层次

从马斯洛需要层次理论出发，人的需要可分为五种类型，它们分别是人的生理需要、安全需要、情感需要、受尊重需要、自我实现的需要。事实上我们还可以将人的五种需要类型归纳为三大类型，其中，人的生理需要与安全需要也可以被理解为人为了维持基本生存的需要，人的情感需要与受尊重需要可以被理解为人为了促进自身发展的需要，而人的自我实现需要则可以将其解释为满足了生存与发展之后的人实现自我完善的需要。在这三大类型的需要中，维持基本生存的需要是人的低层次的需要，促进自身发展的需要是较高层次的需要，实现自我完善的需要是更高层次的需要。一般说来，当低层次的需要得到满足之后，高层次的需要才会出现，也就是说人的需要是沿着维持基本生存到促进自身发展再到实现自我完善这一阶梯向上移动的。

在前文，我们已经按照需要的紧迫程度，把农户对公共产品的需要情况分为三大类，它们分别是农户维持基本生存的公共产品、促进自身发展的公共产品以及实现自我完善的公共产品。由此看来，农户个体对公共产品的需要层次与人在各个阶段的需要是一致的，也表现为一种阶梯状上升的状态，这也说明了，即便是在同一时期，不同农户个体对公共产品的需要也表现出层次性特征，而农户对公共产品的需求源于需要，农户对公共产品每一层次的需要，就会对某一（组）公共产品形成相应的需求。由此，我们可以将不同农户个体对公共产品需求的演化层次归纳如下。

1. 不同农户个体对公共产品的需求具有层级性

与公共产品的需要层次相对应，不同农户个体对公共产品需求具有层级性，它表现为由低层次向高层次阶梯状上升。具体地，不同农户对公共产品的需求表现为沿着追求维持基本生存→促进自身发展→实现自我完善的公共产品这一次序演化。同时，根据个体农户对公共产品需要程度的排序结果可以发现，农户对其他层级公共产品的需求并不会因为高层次需求的产生而结束，仅仅是其他层次的需求影响力有所降低而已。无论农户处在发展的何种阶段，农户对这三个层次的公共产品的需求相互依赖、彼此共存。

2. 多数农户对维持基本生存的公共产品有着较高的需求

如表 7-8 所示，从农户对公共产品的需要紧迫程度排序结果来看，在第一位出现次数最多的是"农村基础设施"，有 47.87% 的农户对这一公共产品有着最为迫切的需要。根据笔者的调查结果，90% 左右的农户已解决了温饱问题，那么，为什么仍会有如此多的农户对诸如基础设施之类的公共产品表现出强烈的需要？究其原因，受农业生产不稳定性、子女教育特别是高等教育费用过高以及医疗费用过高等因素的影响，逐渐富裕起来的农户很容易重返贫困，例如，在农村一直流传着这么一句话："小康、小康，一场大病全泡汤。"在此情形下，农户即便是在解决了温饱的情况下，或是出于对增收的渴望，又或是害怕贫困，他们仍然将维持生存的需要放在了首位，其他需要要么是居于次要地位，要么还未形成。与此相适应，农户对公共产品的需求更多地偏向于与其生存紧密相关的公共产品，例如农田水利基础设施、农村道路、农业技术推广、农村电网改造、农村科技及信息等，这些公共产品大多属于农村生产性公共产品，它们的供给有助于提高农户私人生产活动的效率。

3. 多数农户对能够促进自身发展的公共产品的需求增长较为明显

出于对增收的渴望，农户对维持自身生存的公共产品有着强烈的需求。但随着农业结构调整步伐的加快、农业面临的国际竞争，农户对能够促进自身发展的公共产品的需要得到强化。笔者的调查结果表明，收入水平较高地区的农户对农村教育特别是农村职业、技术教育、医疗和保障、环境保护等公共产品的需要强度很高。另外，笔者在与农户的访谈中也了解到，随着农户收入来源的多元化以及就业形式非农化转变，农户对农村教育的需要更多地体现在可以增加自身就业机会和提高增收能力的职业教育及技能培训方面。

随着农村经济的发展及农民收入的增长，农户个人的货币收入不断增加，农户不再"小病不治，大病硬扛"，他们对医疗卫生设施开始投入更多的关注，但目前农村地区医疗卫生无论是从设备方面还是从医疗价格方面显然都无法令农户满意。同时，随着农户家庭和人口特征的变化以及农村耕地的减少，农户也开始更多地考虑自身的养老保障问题。处于追求促进自身发展阶段的农户希望自己的这些愿望能够实现，因此，能够满足农户促进自身发展需要的公共产品在农户公共产品需求结构中将日益由不起眼的角色向主角转变。

4. 部分农户对能够满足其实现自我完善需要的公共产品有着显性需求

随着收入不断增长、消费需求观念不断更新，部分农户不再满足于享受物质生活，他们开始渴望发挥自己的才干，实现自身社会价值，因此，农户原先那种对能满足实现自我完善要求的公共产品不感兴趣的态度已有所改观，可以预见，在不久的将来，诸如文化娱乐、民主权利类的公共产品将成为农户公共产品需求增长的一个新亮点。

总体而言，本节的研究结果表明，不同农户个体对公共产品的需要层次与马斯洛需要层次理论中个体的层级需要基本保持一致，农户对公共产品的需要本质上是其个体需要的一种延伸。农户的需求又源于需要，因此，可以推定不同农户个体对公共产品的需求具有明显的层级性，追求维持基本生存的公共产品、促进自身发展的公共产品以及实现自我完善的公共产品构成了目前福建省不同农户个体的三个需求层次的基本内容。

小 结

本书对农村公共产品需求演化路径及层次分析主要是围绕两个层面展开：一是基于农村居民消费数据的农村公共产品需求演化路径分析；二是基于农户调查数据的农村公共产品需求演化层次分析。综合两者的分析结果可以发现，农户无论是作为一个整体还是作为一个个体来看，其对公共产品需求的发展和变化均并非杂乱无章，而是有规律可循的。具体地，对两个层面的研究结果分别归纳如下。

首先，我们把对农村公共产品需求演化路径的研究结果归纳如下。

第一，传统的农村公共产品，如农田水利、道路等基础设施，在自然条件与历史条件下形成的供给格局已经比较稳定，长期来看，农户群体对这一类公共产品的需求出现一定程度的下降。但中国农村生产组织的分散化、农业部门的特殊性、农产品市场的风险性以及广大农民弱势群体的地位，决定了广大农户无论是在生产还是在生活中对此类农村公共产品均有很大的依赖性，因此，农户群体对此类公共产品的需求将会长期存在。

第二，随着农村居民生活水平的不断提高，他们对交通通信、医疗保健、农业科技等公共产品的需求呈现快速增长的趋势。这是因为随着时代的变迁，科技日益成为促进农业生产效率提高、农民收入增加的内在变量。同时随着农村人口流动性的加强以及外出务工经商农民的增多，他们对交通通信设施有了更多的需求。此外，随着农户生活水平的提高，他们对生活及自身卫生健康状况日益重视，这势必又会增加其对农村医疗保健服务的需求。

第三，出于对小康生活的追求以及人的素质全面提高的发展要求，农民对促进生活发展层面的公共产品（如文教娱乐）需求开始显性化。此外，农业生产效益既取决于各种投入，又直接受自然条件的影响，同时农产品需求弹性小，农业承担着相当大的市场风险（张军、蒋维，1998），这就导致了农户群体对公共产品的需求特别是对基础设施的需求出现反复或徘徊。

其次，本书对农村公共产品需求演化层次分析结果表明，不同农户个体对公共产品的需求内容迥然不同，这些需求内容按层次可排成一定的次序，具有明显的层次性。具体而言，不同农户个体对公共产品的需求表现为沿着追求维持基本生存→促进自身发展→实现自我完善需要的公共产品这一次序演化。同时数据分析结果还表明，多数农户对维持基本生存的公共产品仍有着较高的需求、对能够促进自身发展的公共产品的需求增长较为明显，部分农户对满足其实现自我完善需要的公共产品有着显性需求。要说明的是，农户个体对公共产品的需求只有在较低层次的公共产品消费需求得到基本满足之后，才会形成更高层次的消费需求，从而形成新的农村公共产品消费需求结构。

　　从上述研究结果出发可知，农村公共产品的类型多种多样，既包括生活基础设施建设，也包括与促进农户发展有关的公共产品，它们分别对应着农户不同层次的需求。受公共财力有限的约束，农村公共产品的供给不可能做到一蹴而就，必须分步骤供给。在这样的背景下，政府等公共产品提供者应把握农户对公共产品需求的动态性变化规律，根据当前农民需求的重点来确定农村公共产品供给的优先序，这对于促进政府公共投资的决策科学化、农村公共产品供给结构合理化以及整个农村经济的可持续发展有着很强的现实意义。

　　具体地，根据农村公共产品需求演化路径及层次研究结果，本书提出以下几方面的政策性建议。①增加政府财政对农村公共产品的投资不能按现有投资结构简单扩张，必须审时度势，注重研究经济社会不同发展阶段农户的需求，合理调整投资结构，促进农村公共产品需求与供给的结构性均衡。②为保持农业发展、农民增收、食品价格稳定，政府应稳定在农村基础设施方面的投入，同时还要逐步提高财政支农资金中用于农业科技方面特别是高新技术方面的比重，调整农业结构、发展高效农业、努力提高农产品品质和档次。③构建多元化的投资主体和投资方式，为不同类型、不同发展层次的农户对公共产品的需求提供相应的支持，以满足异质性农户对公共产品的多元化、动态性需求。

第八章

构建以农户需求为导向的农村
公共产品供给制度

研究农村公共产品需求问题的一个重要目的就是希望为各级政府有的放矢地供给农村公共产品提供参考和依据。本章首先对前述研究结果进行了说明，然后在此基础上就如何构建以农户需求为导向的农村公共产品供给制度作出几点思考。

第一节　关于农村公共产品需求研究的主要结论

本书在借鉴国内外相关研究成果的基础上，运用效用理论、公共产品理论、态度－行为理论、信息非对称理论和需要层次理论等，探讨了信息非对称条件下农村公共产品供给与需求关系，建立了农村公共产品供需关系均衡模型，从农户、政府、社区变迁与农村公共产品供给制度等方面入手分析了影响供需关系均衡的因素；选择了农村生活污水处理设施这一具有代表性的公共产品，基于福建省 32 个行政村 305 户农户调研数据，采用多边界单向递增封闭式二分选择问题格式获取了农户对该公共产品的需求及需求强度，综合运用因子分析方法、多元线性回归方法、二项分类与有序多分类 Logistic 回归模型，揭示了影响农户需求及需求强度的因素；基于我国农村居民生活消费历史统计数据与福建省农户调查数据的分析，辅之以 VAR 方法以及层次聚类分析方法，深入地剖析了农村公共产品需求演化路径及层次。根据上述理论研究和实证分析，本书的主要结论包括以下几个方面。

第一，对我国及福建农村公共产品现状分析结果显示，目前农村公共产品面临的最大问题是供给总量不足、供给结构不合理，这直接导致了农民对公共产品需求被人为地压制在低水平满足状态。

自 1978 年改革开放以来，我国政府逐步加大了对"三农"的投入力度，但受计划经济下形成的公共支出配置模式影响，目前中国财政支农支出真正用于农村公共产品方面的比重仍然偏小，这直接导致了农村公共产品投入不足。并且，有限的公共财政资源在农村公共产品中也没有得到合理运用，存在财政支出结构不合理、财政资源配置效率不高的问题，从而造成了我国农民对公共产品的需求长期被人为地压制在一种低水平的满足状态。基于农户调查数据，笔者对福建农村公共产品现状分析也得出了类似结论。农村公共产品发展过程中存在的这些问题彰显了本书研究农村公共产品需求的意义。

第二，农村公共产品的供给方（政府）与需求方（农户）之间存在需求信息非对称。在信息非对称条件下，农村公共产品的供需关系均衡取决于两个条件：农户从公共产品消费中获取的效用与为此承担的生产成本之间的比较、政府预期农户从公共产品消费中获得的均匀期望效用与为农户提供公共产品能够获得的成本补偿之间的比较。前者主要由政府所期望获得的成本补偿率决定，后者主要由农户基于成本－效用考量的最优反应行动决定。受诸种因素影响，农户和政府行为双方博弈的结果经常会导致供需关系失衡。

由于公共产品本身所具有的非排他性、政府与农户之间偏好不一致、农户缺乏提供需求信息激励、信息搜寻成本高昂，加之农户需求表达渠道不通畅等诸多方面的原因，会形成农村公共产品需求信息的非对称性。基于农户要为其所消费的公共产品承担生产成本、政府要以税率 t 向农户征收来弥补其供给成本等假定，在需求信息非对称条件下，若要实现农村公共产品供给和需求关系协调发展，取决于两个条件。①$\frac{\Delta C}{\Delta t} \cdot t \leqslant Pt$，这一条件是针对农户而言的。农户是否以给定税率 t 消费公共产品取决于农户获取的消费效用 U 和需要为此承担的生产成本 Pt 之间的比较，根据这一条件，我们

可以发现，农户是否消费公共产品在很大程度上取决于政府期望能够获得的成本补偿率的高低。②$E\left[\left(P\left|\frac{\Delta C}{\Delta t}\cdot t\leqslant Pt\right)\cdot t\right]\geqslant E\left(t\right)$，这一条件是针对政府而言的。在公共财政支出既定的条件下，政府是否供给公共产品、供给多少，取决于政府预期农户从消费公共产品中获得的均匀期望效用与为农户提供公共产品能够获得的成本补偿之间的比较。根据第二个条件，我们可以发现政府的供给决策在很大程度上由农户基于成本－效用考量的最优反应行动来决定。在信息非对称条件下，受农户、农村社区变迁、政府、农村公共产品供给制度等因素的影响，农户和政府行为双方博弈的结果经常会导致农村公共产品的供需失衡。

第三，多边界单向递增封闭式二分式选择问卷格式是获取农户支付意愿数值范围，从而识别农户需求与需求强度的有效途径；通过对农户支付意愿数值范围统计分析，发现多数农户存在需求，个体农户需求强度存在较大差异。

问卷调查结果表明，多边界单向递增封闭式二分选择问题格式是用来衡量农户对生活污水处理设施支付意愿值的有效方法。借助一个假想的"农村生活污水处理设施交易市场"，同时考虑农村生活污水处理设施建设的需要，本书在支付意愿问题格式上选择了多边界单向递增封闭式问卷设计格式来询问农户的支付意愿，即首先询问农户"如果政府为您提供污水处理设施需要您家的投入，至少需要您家支付 100 元钱，您家是否愿意支付"，如果农户愿意支付，则认为其对该公共产品有需求，并在此基础上继续询问其在 $B_2 = 150$ 元、$B_3 = 200$ 元、$B_4 = 250$ 元乃至 $B_5 = 300$ 元水平上的支付情况。与此同时，本研究在问卷调查过程中，采取了灵活的支付意愿引导技术，如提醒农户的个人或家庭的收入约束、若为被估价的生活污水处理设施支付费用会减少其用于日常生活消费品的开支等，由此获得的农户支付意愿数值范围更为科学、可靠。根据农户对生活污水处理设施的支付意愿情况，我们不仅可以识别农户对该公共产品是否有需求，还可以识别个体农户的需求强度如何。根据数据分析结果，可以发现多数农户对生活污水处理设施存在需求、个体农户的支付水平存在较大差异。具体地，从农户支付意愿数值范围出发可以看出，农户需求强度分别落在 [0，100)、[100，150)、[150，200)、[200，250)、[250，300)、[300，+∞) 6 个区间内。

第四，农户家庭纯收入、受教育年限与农户态度对其需求均有着极为显著的影响；村庄是否属于环境敏感村、是否地处城镇郊区以及农户是否有外出务工或经商经历对其需求有着较为显著的影响；村庄是否制定环境卫生管理制度对其需求有正向影响；农户年龄、职业对其需求影响不明显。

从模型估计结果看，农户家庭纯收入、受教育年限与态度对其需求均有显著影响。农户家庭纯收入水平越高，越有可能对生活污水处理设施表现出需求倾向；农户受教育年限越长，对农村居住环境改善有着更好的认知，其保护环境意识更为强烈，因此，也就更愿意消费该公共产品；农户对污水处理的态度越积极，越容易对该公共产品形成需求。

农户所居住村庄是否属于环境敏感村、是否地处城镇郊区以及农户是否有外出务工或经商经历对农户需求也有着比较显著的影响。家住环境敏感村的农户更倾向于为生活污水处理设施支付给定的起始费用。究其原因有二：一是与普通村庄村民相比，居住在环境敏感村（如沿江流域周边村、水库库区周边村、历史文化名村、旅游景点村）的村民能够更深刻地体会到水资源污染导致的危害；二是环境敏感村的村民其收入主要来源于对环境质量有着较高要求的产业，如与旅游相关的产业、渔业、餐饮业等，受经济利益的驱使，环境敏感村村民更倾向于为生活污水处理设施支付给定的起始费用。农户外出务工或经商经历以及地处城镇郊区的村庄也会推动农户对该公共产品的需求。由于农户外出务工或经商地点多为经济文化较为发达地区，发达地区或城镇的人文环境因素在人口以及地区之间的流动和传播改变了农户的思想观念、思维方式与生活习惯，从而也影响了农户需求。

村庄是否制定环境卫生管理制度对农户需求有着正向影响。一般说来，政策、制度因素对于农户需求行为会起到激励或约束的作用，故农村环境卫生管理制度的制定对农户需求有着一定程度的影响。农户年龄、是否务农对其需求影响则不明显。

第五，农户受教育年限、家庭纯收入对其需求强度有着极为显著的影响，村庄是否属于环境敏感村、是否地处城镇郊区以及农户态度对农户需求强度有着比较显著的影响；农户是否有外出务工或经商经历对其需求强度有正向影响；农户年龄、职业以及村庄是否制定环境卫生管理制度对农户需求强度影响不明显。

农户受教育年限、家庭纯收入是影响农户需求强度的最显著因素。这说明，农户受教育年限越长，其对生活污水处理设施建设的支付意愿值也越高。同时，农户对公共产品的需求要受到既定的收入预算约束，客观上具有刚性，因此，在其他条件不变的情况下，如果农户家庭纯收入水平越高，其愿意为农村生活污水处理设施增加支出的意愿就更强，故其需求强度也越高。

农户所属村庄是否为环境敏感村、是否地处城镇郊区以及农户态度对农户需求强度有着比较显著的影响。一般而言，与非城镇郊区村庄相比，地处城镇郊区的农户对农村环境现状不佳的感知更为强烈，因此更愿意为生活污水处理付出更多的人、财、物力。居住在环境敏感村的农户对于生态环境问题比较敏感，他们在生活和生产上对农村生态环境的依赖程度都要大大超过普通村庄的村民，因此，这些农户对生活污水处理设施有着较高的需求强度。此外，农户对生活污水处理重要性的整体认知程度如何直接影响着农户需求强度的高低。

农户的外出务工或经商经历对其需求强度有着正向影响。样本农户曾经有外出务工或经商经历的占到样本总量的40.2%，并且这部分农户大多数流向大、中城市，如北京、上海、广州、福州等，其外出务工或经商时间一般也较长，至少达3年，农户的外出经历提升了农户的环境意识，从而在一定程度上影响着农户的需求强度。农户年龄、是否务农以及村庄是否制定环境卫生管理制度这三个变量对农户需求强度影响则不明显。

第六，农户态度对农户需求、需求强度分别有着显著、较为显著影响；农户态度要受到农户行为的主观规范、信息认知、结果判断等心理变量影响。

与国内以往研究不同的是，本书假设农户态度对农户需求及需求强度具有影响，二项分类与有序多分类 Logistic 回归模型的实证结果证实了本书这一预期。从态度－行为理论出发，农户态度的形成与改变要受到农户行为的主观规范、农户对生活污水处理设施的信息认知以及农户对污水处理的行为所产生的特定结果的判断等方面的影响。由于农户态度、主观规范、信息认知及结果判断等因素属于心理变量，无法直接观测，因此只能通过多维指标来反映，并运用李克特五点量表进行测量。

本书在测度农户主观规范、信息认知及结果判断等变量对农户态度变量的影响程度之前，首先对这些变量做了因子分析，分析结果显示，可以从上述各个变量的测量项目中找出 6 个公共因子，依次表述为农户态度、政府组织规范与家族成员规范、农户支付能力认知、社会福利增进与经济效益改善，这 6 个新因子可用来替代和反映原来较多的指标。根据这 6 个指标在各个案例（N = 305）的得分值就可以进行多元线性回归分析，回归结果表明，经济效益改善、家族成员规范与农户支付能力认知是影响农户态度的最重要因素，社会福利增进对农户态度有着较为明显的影响，政府组织规范对农户态度有着正向影响。

第七，农户群体对公共产品需求演化路径表现为：对农田水利等基础性公共产品需求出现一定程度下降，对交通通信、医疗保健、农业科技等公共产品需求呈现快速增长趋势，对文教娱乐等公共产品需求开始显性化。同时，受农业内外部因素的影响，农户群体对公共产品的需求容易出现反复或徘徊。

根据理论分析可知，农户对公共产品的需求行为与其生活消费行为之间主要表现为一种互补型关系，因此，可以通过观察中国农村居民生活消费行为的演变过程，来考察农户对公共产品需求的演化轨迹。基于1985～1990年中国农村居民生活消费历史统计数据及运用 VAR 方法预测的2008～2020 年农村居民生活消费结构数据的分析与启示，得出了农户群体对公共产品需求的演化路径为。

首先，农村基础性公共产品，如农田水利等基础设施，在自然条件与历史条件下形成的供给格局已经比较稳定，长期来看，农户群体对这一类公共产品的需求出现一定程度的下降。但中国农村生产组织的分散化、农业部门的特殊性、农产品市场的风险性以及广大农民弱势群体的地位，决定了农户群体无论是在生产还是在生活中均对此类农村公共产品有着较强的依赖性。

其次，随着农村居民生活水平的不断提高，他们对交通通信、医疗保健、农业科技等公共产品的需求呈现快速增长的趋势。这是因为随着时代的变迁，科技日益成为促进农业生产效率提高、农民收入增加的内在变量。同时随着农村人口流动性的加强以及外出务工经商农民的增多，他们对交通通信设施有了更多的需求。此外，随着农户生活水平的提高，他们对生活及自身卫生健康状况日益重视，这势必会增加其对农村医疗保健服务的需求。

最后，出于对小康生活的追求以及人的素质全面提高的发展要求，农户群体对文教娱乐等公共产品的需求开始显性化。此外，受农业内外部因素的影响，农户群体对公共产品的需求特别是对基础性公共设施的需求会出现反复或徘徊。

第八，不同农户个体对公共产品需求演化层次表现为沿着追求维持基本生存→促进自身发展→实现自我完善的公共产品这一次序演化，具有明显的层级性；多数农户对维持基本生存的公共产品仍有着较高需求，对促进自身发展的公共产品的需求增长较为明显，部分农户对实现自我完善的公共产品有了显性需求。

第二节　以农户需求为导向的农村公共产品供给制度设计

农村公共产品供给制度是衔接供给与需求的中介，合理有效的公共产品供给制度可以高效率地使农户对公共产品的需求得到满足。从运行效果来看，我国现行的农村公共产品供给制度尚存在一些弊端，不适应当前农村经济社会发展、农民需求变化的实际，必须对其进行改进和完善，从而使得在公共财政和资源约束条件下，农民对公共产品的需求成为新农村建设中政府应为农民提供何种公共产品、如何提供、先提供什么后提供什么的参考和依据（刘义强，2006）。本书结合前述研究结论，对构建以农户需求为导向的农村公共产品供给制度创新的方向提出自己的一些看法和建议。

1. 建立有效衔接供求的农村公共产品供给决策机制

农村公共产品供给决策机制作为衔接农村公共产品供给与需求的中介，其决策效率的高低直接决定着农村公共产品供给效率的高低。受计划经济体制影响，我国农村社区公共产品供给决策机制长期以来一直实行的是"自上而下"的制度安排方式。这一传统的制度安排方式在改善我国农村公共产品短缺方面曾发挥了较大的作用，但同时也凸显了一个严重的问题：农村公共产品供给与需求脱节，供给效率低下。

"自上而下"的强制性公共产品供给决策机制堵塞了农民表达自身对公共产品需求的渠道。农村公共产品供给的种类、规模和提供方式，主要是由来自农村社区外部与农民不具有同等切身利益的政府进行决策，在很大程度上反映的是政府的偏好而非农村社区内农民的需求意愿。事实上，对农民而言，他们很希望自己对公共产品的需求能被政府了解，但他们对于该"向谁表达"和"如何表达"都感到很茫然。因此，必须对现有的农村公共产品供给决策机制予以改进，改进的目标是建立一个"自下而上"的农村公共产品供给决策机制。

为实现上述目标，首先要建立和完善农村公共产品需求表达机制，使农民对公共产品的需求意愿得以体现。为此，要进一步推进农村基层民主制度建设，强化村民会议和村民代表会议的作用、完善"一事一议"制度并组织农民用好"一事一议"制度，使农民真正能通过直接或间接的渠道充分表达其对社区内公共产品的需求（郭泽保，2004）。其次是要鼓励并支持农村中各种合作组织和中介组织的发展，合作组织和中介组织作为代表农民自身利益的非政府组织，它们的建立可以搭建起政府与农民之间沟通的桥梁，并使得组织起来的农民在与政府对话中增强自身的对话和谈判能力，从而有效地表达自己的利益诉求。

要强调的是，"自下而上"的农村公共产品供给决策机制的建立并非一朝一夕就能完成，它的实现要与农民民主权利的实现相结合。农民的民主权利意味着农民对公共事务享有知情权、参与权和决策权，有较完善的法制、可操作的法律执行程序（张晓山，2005）。由于村民基层民主制度的完善需要有一个较长的过渡阶段，因此，从现实的角度出发，目前可通过建立一个"自上而下"与"自下而上"相结合的农村公共产品供给决策机制作为过渡，然后随着农村基层民主制度的不断完善而逐步向"自下而上"的农村公共产品供给决策机制推进。

2. 完善农村公共产品的资金筹集制度，实现农村公共产品供给主体多元化

本书的研究结果表明，不同个体农户在同一时点对公共产品的需求内容存在差异，并且不同个体农户的需求内容按层次可排成一定的次序，这说明，农户对公共产品的需求是多元化与多层性的。为了满足农户对公共产品的不同层次的需求，在充分发挥政府主体作用的同时，还需调动和引

导社会各方资金参与。这就是说，农村公共产品供给主体应是多元的，政府、私人和非营利性组织都可以成为有效的供给主体。关于这一制度的具体思路表述如下。

第一，在我国现行的经济体制下，政府仍然是农村公共产品的主要提供者。虽然实践证明，农村公共产品的市场化供给已成为可能，但并非所有的农村公共产品都能通过市场解决，特别是那些受益范围涉及全国的纯公共产品。受中国目前的政治激励体制影响，政府在农村公共产品供给过程中，对于某些任务测度模糊的农村公共产品供给存在激励不足的机会主义倾向（陈宇峰、胡晓群，2007）。为此，应完善政府官员的政绩考核体系，加强农村公共产品财政支出经费管理，提高经费使用效率，尽量使政府偏好与农民偏好相一致。

第二，随着收入效应和传统价值观念的转变，农户对公共产品的需求结构发生了变化，私营部门能灵敏地根据农户的需求作出反应。因此，某些种类的农村公共产品"可以通过合同、承包、补助、特许经营等形式由私营部门或社区机构来完成"（萨瓦斯，1992），政府只须作制度性的安排或作为合伙方参与即可。具体而言，对于那些排他性程度较高的公共产品可由私人负责供给，对于部分准公共产品可采用公私合伙的方式供给。总之，本着"谁投资，谁收益"的原则，采取"公办民助""民办公助""公退民进"等办法，通过合理界定产权赋予私人部分收益权，积极引导农民和其他社会成员参与到某些农村公共产品的供给中来，走农村公共产品资金来源渠道多元化的道路。

第三，借助农村产业化发展过程中大量出现的"合作社＋农户""合作社＋公司＋农户"的市场体系模式，将部分农村公共产品供给与农产品产供销联系在一起。这种组织上和制度上的新的变化往往具有较强的生存能力，能够增加农村公共产品的有效供给。此外，作为非营利性组织的第三部门也逐渐成为农村公共产品供给的一支重要补充力量，政府可以采取多种形式把农村公共产品中某些项目的供给交给该组织。

总之，由于农村地区经济社会发展不平衡，并且农户对公共产品有着异质性、多样化和多层性需求，而且，政府在提供农村公共产品时一般按照既定的预算和规则提供，宏观上具有刚性，因此，为了满足农户对公共产品的需求，唯有改变当前农村公共产品供给方式单一化的局面，走农村公共产品供给主体、资金来源以及供给方式多元化的途径。

3. 建立动态、灵活的农村公共产品公共财政资金分配制度

本书的研究结果表明，处于不同发展阶段的农户群体对公共产品有着不同的需求结构，同时处于同一时点的不同个体农户对公共产品的需求具有层次性，每一需求层次所包含的公共产品的基本内容存在差异。农户对公共产品的不同需求的满足离不开政府财政投入的支持。在优先满足农户基本公共产品需求的情况下，政府财力有限决定了公共财政覆盖农村必须分阶段、分地区、分产品地排出优先序。为此，有必要建立一个动态的、灵活的农村公共产品财政资金分配制度。关于这一制度的具体操作情况构思如下。

为提高有限的公共财政资源利用效率，资源的配置可采取分类实施、分步实现的途径。所谓分类实施，就是根据各种能够满足农户不同层次需求的公共产品，制定一个由低级向高级、逐步实现最高层次目标的发展规划，在公共产品供给中进行优先序选择。先保证满足维持农民基本生存的公共产品（如农村基础设施）这一最低层次要求的资金数额，在此基础上，不断提高农村公共产品供给水平，缩小城乡差距，最终实现城乡基本公共产品均等化。所谓分步实现，就是指在农村公共产品供给中，根据农村各地区的实际发展情况来确定资金数额。在比较发达的农村地区，可相对减少资源投入；在相对落后的农村地区，可适当加大资源投入力度，从而为农村地区间公共产品均等化创造条件。需要说明的是，公共财政资金在农村各地区的分配是动态的而非固定不变，它要随着各农村各地区发展变化的实际情况适时地做相应调整。

4. 改革和完善农村公共产品投入机制和财政转移支付制度

我国农村公共产品供给之所以存在供给偏离需求、供给结构不合理问题，很大程度上与中央和各级地方政府提供公共产品的责任和范围缺乏明确界定有关。因此，有必要建立由中央、省、市（县）、社区四位一体的农村公共产品投入机制，以保障农村公共产品的供给。农村公共产品在地理范畴上既有全国性的公共产品，如农村义务教育、农村社会保障等，也有地方性公共产品，如农业技术推广等。对于具有不同属性的农村公共产品，不同层级的政府承担的责任是不一样的。

从公共经济学的观点看，全国性的公共产品的效益是外溢的，如农村义务教育作为适龄儿童必须接受的国民教育，关系到国家整体素质和综合国力，其受益范围是整个国家，作为管理公共事务的政府有责任和义务为其提供稳定的投入以保证它的发展。与县、乡（镇）两级政府相比，拥有较强的财政税收能力的中央政府和省级政府理应在这一类公共产品供给中更有所作为。

对于受益范围局限于某一特定地域，类似"俱乐部"产品的公共产品和村级范围的公共产品，其"公共"程度较低，"公共"规模相对较小，可在省级财政支持下，由县、乡政府和农村社区负责提供。这是因为相对于中央政府，基层政府更接近农民，更了解农村社区和农民的实际情况，能更好地把握影响农民对公共产品需求的因素的信息状况。另外，对于那些受益范围涉及若干个邻近区域的农村公共产品，单个地方政府缺乏供给的积极性，即便提供了，其有效性也会受到影响。因此，可采取由相关区域的政府进行联合供给的方式来扩大此类公共产品的产出。

与此同时，为了保证农民能够获得城乡均等的基本公共产品，还必须建立和完善农村公共产品的财政转移支付制度。农村公共产品的供给耗资巨大，而农村经济尚不发达，依靠社会筹集资金能力低，加之受农村税费改革的影响，地方乡镇财政的税源锐减，地方政府特别是县、乡两级政府对农村公共产品的投入能力比较有限。在县、乡政府对农村公共产品投入不足的情况下，中央和省级政府有责任针对不同类别公共产品实施专项转移支付（李卫平、石光和赵琨，2003）。

以上是笔者对于构建以农户需求为导向的农村公共产品供给制度的一些初步思考，其合理性如何还有待在实践中检验。总之，随着农村经济社会的变迁，农户对公共产品的需求也在不断发展变化，从而极大地影响着农村公共产品供给制度的变迁。我们有理由相信，农村公共产品供给制度将会日趋完善，但这有待于广大农户的实践检验，同时也依赖于国内学者的使命感和不懈的探索。

参考文献

[1] Afriat, S. N. The Construction of Utility Functions from Expenditure Data [J]. *International of Economic Review*, 1967, 8(1): 67 – 77

[2] Ahlin, A. & Johansson, E. Individual Demand for Local Public Schooling: Evidence from Swedish Survey Data [J]. *International Tax and Public Finance*, 2001, 8(4): 331 – 351

[3] Ajzen, I. & Fishbein, M. *Understnading Attiutdes and Perdieting Soeial Behvaior Englewood Cliffs*, NJ: Prentiee – Hall. 1980: 42 – 94

[4] Allenby, G. M., Arora, N., Ginter, J. L., et al. On the Heterogeneity of Demand[J]. *Journal of Marketing Research*, 1998, 35 (3): 384 – 389

[5] Amartya, S. Behavior and the Concept of Preference [J]. *Economica, New Series*, 1973, 40(159): 241 – 259

[6] Antle, J. M. Infrastructure and aggregate agricultural productivity: International evidence [J]. *Economic Development and Cultural Change*, 1983, 31(3): 609 – 619

[7] Arora, N. & Allenby, G. M. Measuring the Influence of Individual Preference Structures in Group Decision Making [J]. *Journal of Marketing Research*, 1999, 36(4): 476 – 487

[8] Arriaza, M., Gomez – Limon, J. A., Kallas, Z. et al. Andalusian Demand for Non – market Goods from Mountain Olive Groves [R]. Poster Paper Prepared for Presentation at the International Association of Agricultural

Economists Conferences, Gold Coast, Australia, No. 8, 2006

[9] Arrow, K. J. Existence of an Equilibrium for a Competitive Economy [J]. *Econometrica*, 1954, 22(3): 265 - 290

[10] Aseem, P. & Potoski, M. *Voluntary Programs: A Club Theory Perspective* [M]. MIT Press, 2009: 45 - 124

[11] Aumann, R. J., Kurz, M., Neyman, A., et al. Voting for Public Goods [J]. *The Review of Economic Studies*, 1983, 50(4): 677 - 693

[12] Bagnoli, M. & McKee, M. Voluntary Contribution Games: Efficient Private Provision of Public Goods [J]. *Economic Inquiry*, 1991, 29(2): 351 - 366

[13] Bandyopadhyay, T. & Sengupta, K. Revealed Preference Axioms for Rational Choice [J]. *The Economic Journal*, 1991, 101(405): 202 - 213

[14] Bandyopadhyay, T. Revealed Preference Theory, Ordering and the Axiom of Sequential Path [J]. *The Review of Economic Studies*, 1988, 55(3): 343 - 351

[15] Barnett, R. R., Levaggi, R., Smith, P. C., et al. An Incremental Budgeting Model of Local Public Expenditure Setting in the Presence of Piecewise Linear Budget Constraints [J]. *Applied Economics*, 1991, 23(7): 949 - 956

[16] Baron, J. Biase in the Quantitative Measurement of Values for Public Decisions [J]. *Psychological Bulletin*, 1997, 122(11): 72 - 88

[17] Bateman., I. J., Langford, I. H., Turner, R. K., et al. Elicitation and truncation effects in contingent valuation studies [J]. *Ecological Economics*, 1995, 12(2): 161 - 179

[18] Becker, G. S. A Theory of Social Interactions [J]. *Journal of Political Economy*, 1974, 82(6): 1063 - 1093

[19] Bergstrom, T. C. & Goodman., R. P. Private Demands for Public Goods [J]. *The American Economic Review*, 1973, 63(3): 280 - 296

[20] Bergstrom, T. C., Rubinfeld, D. l., Shapiro, P., et al. Micro - Based Estimates of Demand Functions for Local School Expenditures [J]. *Econometrics*, 1982, 50(5): 1183 - 1206

[21] Bickers, K. N. , Salucci, L. , Stein, R. M. , et al. Assessing the Micro - Foundations of the Tiebout Model [J]. *Urban Affairs Review*, 2006, 42(1): 57 - 80

[22] Bishop, R. C. & Heberlein, T. A. Measuring Values of Extramarket Goods: Are Indirect Measures Biased [J]. *American Journal of Agricultural Economics*, 1979, 61(5): 926 - 930

[23] Blackley, P. R. & Deboer, L. Measuring Basic Wants for State and Local Public Goods: A Preference Independence Transformation Approach [J]. *The Review of Economics and Statistics*, 1987, 69(3): 418 - 425

[24] Bohm, P. Estimating Willingness to Pay: Why and How [J]. *The Scandinavian Journal of Economics*, 1979, 81(2): 142 - 153

[25] Borcherding, T. E. & Deacon, R. T. The Demand for the Services of Non - Federal Governments [J]. *The American Economic Review*, 1972, 62 (8): 891 - 901

[26] Bowker, J. M. & Didychuk, D. D. Estimation on non - market benefits of agricultural land retention in eastern Canada [J]. *Agricultural and Resource Economics Review*, 1994, 23 (2): 218 - 225

[27] Bradford, D. F. The Incidence and Allocation Effects of a Tax on Corporate Distributions [J]. *Journal of Public Economics*, 1981, 15 (1): 1 - 22

[28] Breton, A. A. Theory of the Demand for Public Goods [J]. *The Canadian Journal of Economics and Political Science*, 1966, 32 (4): 455 - 467

[29] Brookshire, D. S. , Thayer, M. A. , Schulze, W. D. , et al. Valuing Public Goods: A Comparison of Survey and Hedonic Approaches [J]. *The American Economic Review*, 1982, 72(1): 165 - 177

[30] Brown, J. & Mendelsohn, R. The Hedonic Travel Cost Method [J]. *The Review of Economics and Statistics*, 1984, 66(3): 427 - 433

[31] Brubaker, E. R. Free Ride, Free Revelation, or Golden Rule [J]. *Journal of Law Economics*, 1975, 18(1): 147 - 161

[32] Buchanan, J. M. The Demand and Supply of Public Goods [EB/OL].

http:// ecsocman. edu. ru, 2007 – 10 – 14

[33] Cameron, T. A. & James, M. D. Efficient Estimation Methods for "Closed – Ended" Contingent Valuation Surveys [J]. *The Review of Economics and Statistics*, 1987, 69(2): 269 – 276

[34] Cameron, T. A. Combining Contingent Valuation and Travel Cost Data for the Valuation of Nonmarket Goods [J]. *Land Economics*, 1992, 68(3): 302 – 317

[35] Carson, R. T. & Groves, T. Incentive and Informational Properties of Preference Questions [J]. *Environmental and Resource Economics*, 2007, 37(1): 181 – 210

[36] Carson, R. T. & Mitchell, R. T. Sequencing and Nesting in Contingent Valuation Surveys [J]. *Journal of Environmental Economics and Management*, 1995, 28(2): 155 – 173

[37] Carson, R. T., Flores, N. E., Martin, K. M., et al. Contingent Valuation and Revealed Preference Methodologies: Comparing the Estimates for Quasi – Public Goods [J]. *Land Economics*, 1996, 71(1): 80 – 99

[38] Carson, R. T., Flores, N. E., Meade, N. F., et al. Contingent valuation: controversies and evidence [J]. *Environmental and Resource Economics*, 2001, 19(2): 173 – 210

[39] Carson, R. T., Grover, T., Machina, M J., et al. Incentive and Information Properties of Preference Questions [R]. San Diego: Department of Economics, University of California, 2000(47)

[40] Carson, R. T., Mitchell, R. C., Hanemann, W. M., et al. A Contingent Valuation Study of Lost Passive Values Resulting from the Exxon Valdez Oil Spill [J]. *Report to the Attorney General of the State of Alaska*, 1992

[41] Chintagunta, P. K. Endogeneity and Heterogeneity in a Probit Demand Model: Estimation Using Aggregate Data [J]. *Marketing Science*, 2001, 20(4): 442 – 456

[42] Clarke, E. H. Multipart Pricing of Public Goods [J]. *Public Choice*, 1971, 11(1): 17 – 33

[43] Clarke, P. M. Cost – Benefit Analysis and Mammographic Screening: A Travel Cost Approaches [J]. *Journal of Health Economics*, 1998, 17(6): 767 – 787

[44] Courant, P. E. & Rubinfeld, G. D. Tax Limitation and the Demand for Public Service in Michigan [J]. *National Tax Journal*, 1979, 32 (1): 147 – 158

[45] David, E. W. Public Expenditures Determined by Voting with One's Feet and Public Choice [J]. *The Scandinavian Journal of Economics*, 1977, 79 (3): 326 – 337

[46] David, S. B. & Coursey, D. L. Measuring the value of a Public Good: An Empirical Comparison of Elicitation Procedures [J]. *The American Economic Review*, 1987, 77(4): 554 – 566

[47] Davis, R. K. Recreation Planning as an Economic Problem [J]. *Natural Resources Journal*, 1963, 3: 239 – 249

[48] Deacon, R. & Shapiro, P. Private Preference for Collective Goods Revealed Through Voting on Referenda [J]. *The American Economic Review*, 1975, 65(5): 945 – 955

[49] Deacon, R. & Shapiro, P. Private Preference for Collective Goods Revealed Through Voting on Referenda [J]. *The American Economic Review*, 1975, 65(5): 945 – 955

[50] Demsetz, H. The Private Production of Public Goods [J]. *Journal of Law and Economics*, 1970, 13(2): 293 – 306

[51] Denzau, A. T., Weisz, R. N., Walcutt, J. C., et al. A Quasi – Experimental Method for Studying Public Sector Demands [J]. *Southern Economic Journal*, 1977, 44(2): 306 – 312

[52] Deshazo, J. R. The Effect of Supply and Demand Shocks on the Non-Market Valuation of Local Public Goods [J]. *Environment and Development Economics*, 1999, 4(4): 471 – 492

[53] Diewert, W. E. Afriat and Revealed Preference Theory [J]. *Review of Economic Studies*, 1973, 40(3): 419 – 426

[54] Donaldson, C. Willingness to Pay for Publicly Provided Goods: A

Possible Measure of Benefit? [J]. *Journal of Health Economy*, 1990, 9(1): 103 - 118

[55] Dowding, K., John, P., Biggs, S., *et al*. Tiebout: A Survey of the Empirical Literature[J]. *Urban Studies*, 1994, 31(4 - 5): 767 - 797

[56] Earnhart, D. Combining Revealed and Stated Preference Methods to Value Environmental Amenities at Residential Locations [J]. *Land Economics*, 2001, 77(1): 12 - 29

[57] Ebert, U. Evaluation of Nonmarket Goods: Recovering Unconditional Preferences [J]. *American Journal of Agricultural Economics*, 1998, 80(2): 241 - 254

[58] Font, A. R. Mass Tourism and the Demand for Protected Natural Areas: A Travel Cost Approach [J]. *Journal of Environmental Economics and Management*, 2000, 39(1): 97 - 116

[59] Freeman, III. A. M. Approaches to Measuring Public Goods Demands [J]. *American Journal of Agricultural Economics*, 1979, 61(5): 915 - 920

[60] Furuseth, O. Public attitudes toward local farmland protection programs [J]. *Growth and Change*, 1987, 18 (3): 49 - 61

[61] Gaube, T. Group Size and Free Riding when Private and Public Goods are Gross Substitutes [J]. *Economics Letters*, 2001, 70(1): 127 - 132

[62] Geoffrey, K. T. & Chang, C. The Median Voter according to GARP [J]. *Southern Economic Journal*, 1998, 64(4): 1001 - 1010

[63] Giriacy-Wantrup, S. V. Capital Returns from Soil Conservation Practices [J]. *Journal of Farms Economics*, 1947, 29: 1180 - 1190

[64] Glazer, A., Niskanen, E., Scotchmer, S., et al., On the uses of club theory: Preface to the club theory symposium [J]. *Journal of Public Economics*, 1997, 65(1): 3 - 7

[65] Grane, R. Price Specification and the demand for Public Goods [J]. *Journal of Public Economics*, 1990, 43(1): 93 - 106

[66] Granovetter, M. *Economic Action and Social Structure: The Problem of Embeddednes* [M]. USA: Chicago Press, 1985: 34 - 87

[67] Green, J. R. & Laffont, J. J. On the Revelation of Preferences for

Public Goods [J]. *Journal of Public Economics*, 1977, 8(1): 79 – 93

[68] Griliches, Z. *R&D and Productivity: The Econometric Evidence* [M]. University of Chicago Press, 1998: 1 – 382

[69] Gross, J. Heterogeneity of Preferences for Local Public Goods: The Case of Private Expenditure on Public Education [J]. *Journal of Public Economics*, 1995, 57(1): 103 – 127

[70] Gross, J. Testing Data for Consistency with Revealed Preference [J]. *The Review of Economics and Statistics*, 1995, 77(4): 701 – 710

[71] Groves, T. Incentives in Teams [J]. *Econometrica*, 1973, 41(4): 617 – 631

[72] Hall, C., Mcvittie, A., Moran, D. et al. What does the Public want from Agriculture and the Countryside? A Review of Evidence and Methods [J]. *Journal of Rural Studies*, 2004, 20(2): 211 – 225

[73] Halstead, J. Measuring the non-market demand value of Massachusetts agricultural land: a case study [J]. *Journal of Northeastern Agricultural Economics Council*, 1984, 13(1): 12 – 19

[74] Hanemann, M., Loomis, J., Kanninen, B., et al. Statistical Efficiency of Double-Bounded Dichotomous Choice Contingent Valuation [J]. *American Journal of Agricultural Economics*, 1991, 73(4): 1255 – 1263

[75] Hanemann, W. M. & Kanninen, B. Estatistical Analysis of Discrete Response CV Data [A]. New York: Oxford University Press, 1999: 302 – 44

[76] Hanemann, W. M. & Kanninen, B. The Statistical Analysis of Discrete-response CV Data [M]. Berkeley: Department of Agricultural and Resource Economics, University of California at Berkeley, 1996: 3 – 15

[77] Hanemann, W. M. Valuing the Environment of Through Contingent Valuation [J]. *Journal of Economic Perspectives*, 1994, 8(4): 19 – 43

[78] Hanemann, W. M. Welfare evaluations in contingent valuation experiments with discrete responses [J]. *American Journal of Agricultural Economics*, 1984, 66(3): 332 – 341

[79] Hanemann, W. M. Willingness to Pay and Willingness to Accept: How Much Can They Differ? [J]. *American Economics Review*, 1991, 81

（3）：635 - 647

[80] Hanley, N. , MacMillan, D. , Wright, R. E. , et al. Contingent Valuation versus Choice Experiments: Estimating the Benefits of Environmentally Sensitive Areas in Scotland [J]. *Journal of Agricultural Economics*, 1998, 49(1): 1 - 15

[81] Herriges, J. A. & Shogren, J. F. Starting Point Bias in Dichotomous Choice Valuation with Follow-Up Questioning [J]. *Journal of Environmental Economics and Management*, 1996, 30(1): 112 - 131

[82] James, C. C. & Epstein, S. Preference Reversals Without the Independence Axiom [J]. *The American Economic Review*, 1989, 79(3): 408 - 426

[83] Johannesson, M. , Johansson, P. O. , Kristrom, B. , et al. Willing to Pay for antihypertensive Therapy-further Results [J]. *Journal of Health Economy*, 1993, 12(1): 95 - 108

[84] John, P. , Dowding, K, et al. Tiebout: A Survey of The Empirical Literature [J]. *Urban Studies*, 1994, 31(4 - 5):767 - 797

[85] Jorgensen, B. S. , Wilson, M. A. , Heberlein, T. A. , et al. Fairness in the Contingent Valuation of Environmental Public Goods: Attitude toward Paying for Environmental Improvements at two levels of Scope [J]. *Ecological of Economics*, 2001, 36(1): 133 - 148

[86] Joshua, M. D. & Aull-Hyde, R. Identifying public preferences for land preservation using the analytic hierarchy process [J]. *Ecological Economics*, 2002, 42(1 - 2): 131 - 145

[87] Kahneman, D. & Knetsch, J. L. Valuing Public Goods: The Purchase of Moral Satisfaction [J]. *Journal of Environmental Economics and Management*, 1992, 21(3): 315 - 336

[88] Kahneman, D. & Tversky, A. Choice Values and Frames [J]. *American Psychologist*, 1984, 39(2): 341 - 350

[89] Kenneth, N. B. & Salucci, L. Tiebout Mobility Under Conditions of Electoral Competition [R]. The Annual Meeting of The Midwest Political Science Association, Chicago, 2007 - 4 - 14

[90] Kim, C. W. , Phipps, T. T. , Anselin, L. et al. Measuring the Benefits of Air Quality Improvement: A Spatial Hedonic Approaches [J]. *Journal of Environmental Economics and Management*, 2003, 45(1): 24 - 39

[91] Kline, J. & Wichelns, D. Measuring heterogeneous preferences for preserving farmland and open space [J]. *Ecological Economics*, 1998, 26(2): 211 - 224

[92] Kline, J. & Wichelns, D. Public preferences regarding the goals of farmland preservation programs: reply [J]. *Economics Land*, 1998, 74(4): 566 - 569

[93] List, J. A. & Shogren, J. F. Calibration of Willingness-to-Accept [J]. *Journal of Environmental Economics and Management*, 2002, 43(2): 219 - 233

[94] Loomis, J. B. , Kent, P. , Strange, L. , et al. Measuring the Total Eonomic Value of Restoring Ecosystem Services in an Impaired River Basin: Results from a Contingent Valuation Survey [J]. *Ecological Economics*, 2000, 33(1): 103 - 117

[95] Lyssiotou, P. , Pashardes, P. , Stengos, T. , et al. Preference heterogeneity and the rank of demand systems [J]. *Journal of Business & Economic Statistics*, 1999, 17(3): 248 - 252

[96] Lyssiotou, P. , Pashardes, P. , Stengos, T. , et al. Preference Heterogeneity and the Rank of Demand Systems [J]. *Journal of Business & Economic Statisticse*, 1999, 17(2): 248 - 252

[97] Marcel, K. R. Revealed Preference Theory [J]. *Econometrics*, 1966, 34(3): 635 - 645

[98] Mark, G. Economic Action and Social Structure: The Problem of Embeddedness [J]. *American Journal of Sociology*, 1985, 91(3): 481 - 510

[99] Mcconnell, K. E. Income and the Demand for Environmental Quality [J]. *Environment and Development Economics*, 1997, 2(4) : 383 - 399

[100] McMillan, M. L. & Tuffour, J. A. Demands for Local Public Sector Outputs in Rural and Urban Municipalities [J] . *American Journal of Agricultural Economics*, 1991, 73(2): 313 - 325

[101] Mitchell, R. C. & Carson, R. T. *Using Surveys to Value Public Goods*: *he Contingent Valuation Method* [M]. Resources for the Future, Washington, DC, 1989: 1 – 463

[102] Moran, D., Mcvittie, A., Allcroft, D. J., et al. Quantifying public preferences for agri-environmental policy in Scotland: A Comparison of Methods [J]. *Ecological Economics*, 2007, 63(1): 42 – 53

[103] Moschini, G. Testing for Preference Change in Consumer Demand: An Indirectly Separable Semiparametric Model [J]. *Journal of Business & Economic Statistics*, 1991, 9(1): 111 – 117

[104] Newman, P. The Foundations of Revealed Preference Theory [J]. *The Review of Economics and Statistics*, 1955, 7(2): 151 – 169

[105] Niskanen, W. & Scotchmer, S. Autocratic Democratic and Optimal Government [J]. *Economic Inquiry*. 1997, 35(3): 464 – 479

[106] Paulo, A. L. D. N. Using Factor Analysis to Identify Consumer Preferences for the Protection of a Natural Area in Portugal [J]. 2002, 140 (2): 499 – 516

[107] Perkins, G. M. The Demand for Local Public Goods: Elasticities of Demand for Own Price, Gross Prices and Income [J]. *National Tax Journal*, 1977, 30(3): 411 – 422

[108] Peter, W. A., Williams, B. & Louviere, J. Stated Preferences Approaches for Measuring Passive Use Values: Choice Experiments and Contingent Valuation [J]. *American Journal of Agricultural Economics*, 1998, 80(1): 64 – 75

[109] Pommerehne, W. W. & Frey, B. S. Two Approaches to Estimating Public Expenditure [J]. *Public Finance Quarterly*, 1976, 4(4): 395 – 407

[110] Portney, P. R. The Contingent Valuation Debate: Why Economists Should Care [J]. *Journal of Economic Perspectives*, 1994, 8(4): 3 – 17

[111] Prakash, A. & Potoski, M. Collective Action through Voluntary Environmental Programs: A Club Theory Perspective [J]. *Policy Studies Journal*, 2007, 35(4): 773 – 792

[112] Preston, I. & Michael, R. Demand for Local Public Spending:

Evidence from the British Social Attitudes Survey [J]. *The Economic Journal*, 1995, 105(430): 644 - 660

[113] Rhee, B. D. Consumer Heterogeneity and Strategic Quality Decisions [J]. *Management Science*, 1996, 42(2): 157 - 172

[114] Rivers, D. Heterogeneity in Models of Electoral Choice [J]. *American Journal of Political Science*, 1988, 32(3): 737 - 757

[115] Romer, T. & Rosenthal, H. Bureaucrats Versus Voters: On the Political Economy of Resource Allocation by Direct Democracy [J]. *The Quarterly Journal of Economics*, 1979, 93(4): 563 - 587

[116] Samuelson, P. A. The pure theory of public expenditure [J]. *The Review of Economics and Statistics*, 1954, 36(4): 387 - 389

[117] Schlpfer, F. Demand for public landscape management services: Collective choice-based evidence from Swiss cantons [J]. *Land Use Policy*, 2007, 24(4): 425 - 433

[118] Schlapfer, S. A. & Clark, A. Complementary Approach to the Strong and Weak Axioms of Revealed Preference [J]. *Econometrics*, 1985, 53 (6): 1459 - 1463

[119] Schmidtz, D. Contracts and Public Goods [J]. *Harvard Journal of Law and Public Policy*, 1987, 10(2):475 - 503

[120] Simon, K. *Public Goods and Private Wants: A Psychological Approach to Government Spending* [M]. USA: Edward Elgar Pub, 2002: 13 - 119

[121] Tiebout, C. M. A Pure Theory of Local Expenditure [J]. *The Journal of Political Economy*, 1956, 64(5): 416 - 424

[122] Tullock, G. Public Decisions as Public Goods [J]. *The Journal of Political Economy*, 1971, 79(4): 913 - 918

[123] Turnbull, G. K. & Changt, C. The Median Voter According to GARP [J]. *Southern Economic Journal*, 1998, 64(4): 1001 - 1010

[124] van Kooten, G. C., Krcmar, E., & Bulte, E. H. Preference Uncertainty in Non-Market Valuation: A Fuzzy Approach [J]. *American Journal of Agricultural Economics*, 2001, 83(3): 487 - 500

[125] Wisera, R. H., Fowliea, M. Holt, E. A., et al. Public goods and private interests: understanding non-residential demand for green power [J]. *Energy Policy*, 2001, 29(13): 1085 - 1097

[126] Wonkim, K. C., Phipps, T. T, et al. Measuring The Benefits of Air Quality Improvement: A Spatial Hedonic Approach [J]. *Journal of Environmental Economics & Management*, 2003, 45(1): 24 - 39

[127] 〔美〕阿兰·奥尔巴克,〔美〕马丁·费尔德斯坦. 公共经济学手册 [M]. 北京: 经济科学出版社, 2005: 1 - 53

[128] 〔美〕艾尔·巴比. 社会研究方法基础 [M]. 北京: 华夏出版社, 2002: 136 - 156

[129] 〔美〕艾肯·勒维斯. 态度与行为——理论、测量与研究 [M]. 北京: 中国轻工业出版社, 2008: 1 - 186

[130] 〔美〕埃莉诺·奥斯特罗姆. 公共事物的治理之道 [M]. 上海: 上海三联书店, 2000: 15 - 20

[131] 〔美〕爱伦·斯密德. 财产、权力和公共选择 [M]. 上海: 上海三联书店, 1999: 79

[132] 白南生, 李靖和辛本胜. 村民对基础设施的需求强度和融资意愿——基于安徽凤阳农村居民的调查 [J]. 农业经济问题, 2007 (7): 49 - 54

[133] 财政部农业司《公共财政覆盖农村问题研究》课题组. 公共财政覆盖农村问题研究报 [J]. 农业经济问题, 2004 (7): 48 - 55

[134] 陈俊红, 吴敬学和周连第. 北京市新农村建设与公共产品投资需求分析 [J]. 农业经济问题, 2006 (7): 9 - 12

[135] 程开明. 从城市偏向到城乡统筹发展——城市偏向政策影响城乡差距的 Panel Data 证据 [J]. 经济学家, 2008 (3): 28 - 36

[136] 陈武平. 公共产品成本的一种分配机制及其实验验证 [J]. 厦门大学学报, 2000 (1): 69 - 73

[137] 陈宇峰, 胡晓群. 国家、社群与转型期中国农村公共产品的供给——一个交易成本政治学的研究视角 [J]. 财贸经济, 2007 (1): 63 - 69

[138] 楚永生, 丁子信. 农村公共产品供给与消费水平相关性分析

[J]. 农业经济问题, 2004 (7): 63-66

[139] 崔国胜, 唐忠. 蒂布特模型启迪下的可流动公共产品供给 [J]. 中国人民大学学报, 2006 (4): 89-93

[140]〔美〕丹尼斯·缪勒. 公共选择理论 [M]. 北京: 中国社会科学出版社, 1999: 13-45

[141]〔英〕德·巴尼特. 公共部门经济学前沿问题 [M]. 北京: 中国税务出版社、北京图腾电子出版社, 2000: 115-156

[142]〔美〕道格拉斯·诺斯. 经济史中的结构与变迁 [M]. 上海: 上海三联书店, 1991: 11-12

[143] 丁元耀. 同时考虑隐藏信息与隐藏行动的激励约束机制 [J]. 数量经济技术经济研究, 2003 (4): 122-125

[144] 董礼胜. 中国公共产品供给 [M]. 北京: 中国社会出版社, 2007: 1-274

[145] 杜玉红、黄小舟. 财政资金农业支出与农民收入关系研究 [J]. 统计研究, 2006 (9): 17-23

[146] 范剑平, 刘国艳. 我国农村消费结构和需求热点变动趋势研究 [J]. 农业经济问题, 2001 (1): 46-52

[147] 范剑平, 周志祥. 农村发展经济学 [M]. 北京: 中国人民大学出版社, 1988: 1-40

[148] 方鸿. 政府财政支农资金效率的地区比较——基于三阶段 DEA 模型的实证分析 [J]. 软科学, 2011 (7): 27-32

[149] 郭文玲. 准公共产品的两维性 [J]. 数量经济技术经济研究, 2000 (10): 51-53

[150] 郭泽保. 建立和完善农村公共产品需求选择的表达机制 [J]. 中国行政管理, 2004 (12): 17-20

[151] 郭泽保. 政府在农村公共产品供给中的职能分析 [J]. 中共福建省委党校学报, 2005 (4): 29-32

[152]〔美〕哈罗德·德姆塞茨. 财产权利与制度变迁（中译本）[M]. 上海: 上海三联书店, 1994: 96-113

[153] 贺学峰, 罗兴佐. 论农村公共产品供给中的均衡 [J]. 经济学家, 2006 (1): 62-69

[154] 何忠伟，王有年和李华. 基于 CVM 方法的京北水资源涵养区建设研究 [J]. 农业经济问题，2007 (8)：76 - 80

[155] 何军，胡亮. 基于 DEA 模型的国家财政支农资金效率评价 [J]. 生产力研究，2010 (8)：73 - 75

[156] 洪银兴，刘建平. 公共经济学导论 [M]. 北京：经济科学出版社，2003：84 - 108

[157] 胡必亮. "关系" 与农村人口流动 [J]. 农业经济问题，2004 (11)：36 - 42

[158] 胡洪曙. 粘蝇纸效应及其对公共产品最优供给的影响 [J]. 经济学动态，2011 (6)：149 - 152

[159] 胡继连. 中国农户经济行为研究 [M]. 北京：中国农业出版社，1992：1 - 384

[160] 胡拓坪. 乡镇公共产品的供求矛盾探析 [J]. 农业经济问题，2001 (7)：52 - 56

[161] 黄志冲. 农村公共产品供给机制创新的经济学研究 [J]. 中国农村观察，2000 (6)：35 - 39

[162] 黄宗智. 中国乡村研究 [M]. 北京：社会科学文献出版社，2006：301 - 309，344 - 350

[163] 贾康，孙洁. 农村公共产品与服务提供机制的研究 [J]. 管理世界，2006 (12)：60 - 66

[164] 江世银. 论信息不对称条件下的消费信贷市场 [J]. 经济研究，2000 (6)：19 - 26

[165] 蒋殿春. 高级微观经济学 [M]. 北京：经济管理出版社，2000：63

[166] 蒋寿建. 村支书视角的新型农民培训需求分析——基于扬州市216 个村支书的调查 [J]. 农业经济问题，2008 (1)：71 - 74

[167] 孔祥智，李圣军和马九杰. 农户对公共产品需求的优先序及供给主体研究——以福建省永安市为例 [J]. 社会科学研究，2006 (4)：47 - 51

[168] 孔祥智，涂圣伟. 新农村建设中农户对公共产品的需求偏好及影响因素研究 [J]. 农业经济问题，2006 (10)：10 - 15

［169］李秉龙，张立承和曹暕．中国贫困地区县乡财政不平衡对农村公共产品供给影响程度研究［J］．中国农村观察，2003（1）：23－30

［170］李成葳．公共产品的需求、供给评价与激励［M］．北京：中国财政经济出版社，2005：23－25

［171］李大胜，范文正和洪凯．农村生产性公共产品供需分析与供给模式研究［J］．农业经济问题，2006（5）：4－9

［172］李焕章，钱忠好．财政支农政策与中国农业增长：因果与结构分析［J］．农业经济问题，2004（8）：38－43

［173］李雷鸣，陈俊芳．供需矛盾与交易成本的构成［J］．经济学家，2004（5）：76－81

［174］李莹．意愿调查价值评估法的问卷设计技术［J］．环境保护科学，2001（12）：25－28

［175］李强，罗仁福和刘承芳等．新农村建设中农民最需要什么样的公共服务——农民对农村公共产品投资的意愿分析［J］．农业经济问题，2006（10）：15－20

［176］李琴，熊启泉和李大胜．中国财政农业投入的结构分析［J］．中国农村经济，2006（8）：10－16

［177］李燕凌，曾福生．农村公共支出效果的理论与实证研究［J］．中国农村经济，2006（8）：23－33

［178］李燕凌．我国农村公共品供给历史考察［J］．农业经济问题，2008（8）：40－45

［179］李卫平，石光和赵琨．我国农村卫生保健的历史、现状与问题［J］．管理世界，2003（4）：33－43

［180］林俊荣．全国统筹分县区类别保障：农民工养老保险关系转入障碍的消除——基于俱乐部经济理论的分析［J］．市场与人口分析，2007（3）：56－60

［181］林万龙．政府为什么要推行农村税费制度改革——一个关于政府行为的理论模型及其初步分析［J］．中国农村观察，2003（5）：32－38

［182］林万龙，刘仙娟．税费改革后农村公共产品供给机制创新：基于交易成本角度的探讨［J］．农业经济问题，2006（4）：30－34

［183］林毅夫．制度、技术与中国农业发展［M］．上海：上海三联

书店，1992：94－95

[184] 林俊荣. 全国统筹分县区类别保障：农民工养老保险关系转入障碍的消除——基于俱乐部经济理论的分析 [J]. 市场与人口分析，2007 (3)：56－60

[185] 刘成奎，海鸣. 城市化过程中的农村基础设施供给研究——城市偏好视角 [J]. 武汉理工大学学报（社会科学版），2011 (3)：337－343

[186] 刘传江. 乡城人口流动、城市就业与和谐社会建设笔谈 [J]. 中国地质大学学报（社会科学版），2007 (5)：21－22

[187] 刘克春. 农户农地流转决策行为研究 [D]. 博士学位论文，浙江大学，2006：127－145

[188] 刘涵. 财政支农支出对农业经济增长影响的实证分析 [J]. 农业经济问题，2008 (10)：30－35

[189] 刘家养，黄念兵. 基于城乡公平视角的我国省级地方财政支农资金效率研究 [J]. 宏观经济研究，2015 (5)：65－73

[190] 刘伦武. 农业基础设施发展与农村经济增长的动态关系 [J]. 财经科学，2006 (10)：91－97

[191] 刘尚希. 公共支出范围：分析与界定 [J]. 经济研究，2002 (6)：77－85

[192] 刘小锋，林坚. 集体选择经济学与公共产品的个人供给 [A]. 北京：中国农业出版社，2007：77－80

[193] 刘小锋，林坚. 转型期农村社区公共产品需求显示研究综述 [J]. 中国矿业大学学报，2007 (9)：59－63

[194] 刘小锋，林坚和李勇泉. 农村教育供给问题研究——以福建省40个行政村为例 [J]. 教育发展研究，2008 (11)：5－8

[195] 刘卫东，常明杰. 公共产品概念辨证 [J]. 北方论丛，2012 (6)：147－149

[196] 刘义强. 建构农民需求导向的公共产品供给制度 [J]. 华中师范大学学报，2006 (5)：15－23

[197] 刘永功. 村庄公共产品供给机制研究 [J]. 中国农业大学学报，2006 (2)：1－5

[198] 陆学艺. 统筹城乡发展，农村要进行第二次改革 [J]. 经济学

家，2008（2）：5 - 10

[199] 马树才，刘兆博. 中国农民消费行为影响因素分析 [J]. 数量经济技术经济研究，2006（5）：20 - 30

[200] 马晓河，方松海. 我国农村公共品的供给现状、问题与对策 [J]. 农业经济问题，2005（4）：22 - 30

[201] 〔美〕曼瑟尔·奥尔森. 集体行动的逻辑 [M]. 上海：上海三联书店，1995：8 - 42

[202] 闵琪. 税收负担、公共品层次与私人公共品需求——以山东省面板数据为例 [J]. 公共管理学报，2010（1）：94 - 100

[203] 宁满秀，苗齐和邢郦等. 农户对农业保险支付意愿的实证分析——以新疆玛纳斯河流域为例 [J]. 中国农村经济，2006（6）：43 - 51

[204] 农村消费问题研究课题组. 关于农村消费的现状及政策建议 [J]. 财贸经济，2007（2）：68 - 74

[205] 〔美〕奥利弗·威廉姆森. 治理机制 [M]. 北京：机械工业出版社，2016：41 - 43

[206] 〔美〕乔·史蒂文斯. 集体选择经济学 [M]. 上海：上海三联书店，1999：67 - 83

[207] 秦颖. 论公共产品的本质——兼论公共产品理论的局限性 [J]. 经济学家，2006（3）：77 - 82

[208] 〔美〕斯蒂芬·萨瓦斯. 民营化与公私部门的伙伴关系 [M]. 北京：中国人民大学出版社，1992：5 - 16

[209] 〔冰岛〕思拉恩·埃格特森. 吴经帮，李耀和朱寒松等译. 经济行为与经济制度 [M]. 北京：商务印书馆，2004：30

[210] 史玲. 我国农村公共产品供给主体研究 [J]. 中央财经大学学报，2005（5）：10 - 13

[211] 史清华. 农户经济活动及行为研究 [M]. 北京：中国农业出版社，2001：151 - 170

[212] 〔日〕速水佑次郎，〔美〕弗农·拉坦. 农业发展的国际分析 [M]. 北京：中国社会科学出版社，2000：183 - 185

[213] 宋承先. 现代西方经济学（微观经济学）[M]. 上海：复旦大学出版社，1997：12

[214] 宋惠芳. 农村公共产品供给下的乡镇政府职能解析 [J]. 农业经济导刊, 2007 (5): 73-78

[215] 孙开. 农村公共产品供给与相关体制安排 [J]. 财贸经济, 2005 (6): 40-44

[216] 孙开. 公共产品供给与公共支出研究 [M]. 大连: 东北财经大学出版社, 2006: 20

[217] 谈智武, 曹庆荣和王冬冬等. 农村体育公共产品需求表达机制研究 [J]. 西安体育学院学报, 2011 (3): 151-155

[218] 陶勇. 农村公共产品供给与农民负担 [J]. 财贸经济, 2001 (10): 74-77

[219] 王安, 覃芸. 改革农村公共产品决策机制才能消除减轻农民负担的体制障碍 [J]. 农业经济问题, 2000 (3): 58

[220] 王国华, 李克强. 农村公共产品供给与农民收入问题研究 [J]. 财政研究, 2003 (1): 46-49

[221] 王静龙, 梁小筠. 定性数据分析 [M]. 上海: 华东师范大学出版社, 2004: 1-180

[222] 王磊. 我国政府间转移支付制度对公共服务均等化的影响 [J]. 经济体制改革, 2006 (1): 21-26

[223] 王敏, 潘勇辉. 财政农业投入与农民纯收入关系研究 [J]. 农业经济问题, 2007 (5): 99-105

[224] 王明昊, 赵阳. 准公共品供给机制与需求满意度的实证研究——以农村公路为例 [J]. 农业经济问题, 2008 (9): 77-82

[225] 王寿兵, 王平建和胡泽园等. 用意愿评估法评价生态系统景观服务价值——以上海苏州河为实例 [J]. 复旦学报 (自然科学版), 2003 (3): 463-468

[226] 王振军. 不同保险方式下农户购买农业保险的意愿分析——陇东黄土高原区524户农户问卷调查 [J]. 兰州大学学报 (社会科学版), 2014 (2): 132-138

[227] 王晓芳, 王军锋. 农民对惠农政策落实状况的反映——甘肃省的调查分析 [J]. 中国农村经济, 2007 (2): 11-17

[228] 卫龙宝, 朱西湖和伍骏骞. 农户公共品需求偏好影响因素分析

[J]. 西北农林科技大学学报（社会科学版），2015（9）：34－40

[229] 吴士健. 试论农村公共产品供给体制的改革与完善 [J]. 农业经济问题，2002（7）：48－52

[230] 吴伟. 西方公共产品理论的最新研究进展 [J]. 财贸经济，2004（4）：88－92

[231] 夏锋. 千户农民对农村公共服务现状的看法——基于29个省份230个村的入户调查 [J]. 农业经济问题，2008（5）：68－75

[232] 肖新成. 财政资金支农投入与农业经济增长的灰色综合关联度分析 [J]. 长沙大学学报，2005（5）：20－25

[233] 熊巍. 我国农村公共产品供给分析与模式选择 [J]. 中国农村经济，2002（7）：736－44

[234] 熊巍. 我国农村公共产品供给与税费改革 [D]. 博士学位论文，厦门大学，2003

[235] 许彬. 公共经济学导论 [M]. 哈尔滨：黑龙江人民出版社，2003：88－95

[236] 许莲凤. 农村公共产品需求偏好表露机制的构建瓶颈与实现路径 [J]. 福建论坛·人文社会科学版，2014（7）：26－30

[237] 薛求知. 行为经济学理论与应用 [M]. 上海：复旦大学出版社，2003：1－354

[238] 杨国才，潘锦云. "以工哺农"、"以工促农"与我国传统农业现代化 [J]. 经济学家，2008（3）：49－55

[239] 杨红. 论世俗文化对中国农村公共产品提供的影响 [J]. 财贸经济，2006（6）：69－72

[240] 叶航. 关于偏好与效用理论的研究纲要 [EB/OL]. http://www.cenet.org.cn，2008－11－18

[241] 叶敬忠，张楠和杨照. 不同角色对新农村建设的需求差异 [J]. 农业经济问题，2006（10）：35－42

[242] 叶敬忠. 农民视角的新农村建设 [M]. 北京：社会科学文献出版社，2006：67－70

[243] 叶敬忠，杨照. 农民如何看待新农村建设中政府、村委会和农民的分工 [J]. 农业经济问题，2007（11）：26－32

［244］叶兴庆. 论农村公共产品供给体制的改革［J］. 经济研究, 1997 (6): 15 – 20

［245］于奎. 关于农村公共产品问题的研究综述［J］. 经济学动态, 2005 (7): 67 – 70

［246］岳军. 农村公共产品供给与农民收入增长［J］. 山东社会科学, 2004 (1): 84 – 87

［247］〔美〕约瑟夫·斯蒂格利茨. 经济学［M］. 北京: 中国人民大学出版社, 1997: 146

［248］岳书铭. 农村公共品供求均衡机制研究［D］. 博士学位论文, 山东农业大学, 2007: 25

［249］张兵, 周彬. 欠发达地区农户农业科技投入的支付意愿及影响因素分析——基于江苏省灌南县农户的实证研究［J］. 农业经济问题, 2006 (1): 40 – 44

［250］张广胜, 周虹, 景再方等. 基于农民视角的新农村建设: 现状及思考——对辽宁 15 县 (区) 1210 个农户的调查［J］. 农业经济问题, 2006 (10): 43 – 48

［251］张军, 何寒熙. 中国农村公共产品供给: 改革后的变迁［J］. 改革, 1996 (5): 50 – 57

［252］张军, 蒋维. 改革后中国农村公共产品的供给: 理论与经验研究［J］. 社会科学战线, 1998 (1): 36 – 44

［253］张克中, 贺雪峰. 社区参与、集体行动与新农村建设［J］. 经济学家, 2008 (1): 32 – 38

［254］张培刚. 微观经济学的产生和发展［M］. 长沙: 湖南人民出版社, 1999: 335 – 357

［255］张曙光. 向公共财政转型应是税制改革的目标［J］. 税务研究, 2004 (2): 14 – 15

［256］章融, 金雪军. 对噪声交易的分类研究［J］. 财贸经济, 2003 (7): 84 – 89

［257］张菀洺. 政府公共服务供给效率的经济学分析［J］. 数量经济技术经济研究, 2008 (6): 54 – 65

［258］张文彤. SPSS 统计分析高级教程［M］. 北京: 高等教育出版

社，2004：238-239

[259] 张晓辉，李剑和王佳. 村级治理及村庄公益事业发展研究——基于 121 个行政村的调查报告 [J]. 农业经济问题，2006 (5)：15-21

[260] 张晓山. 简析中国乡村治理结构的改革 [J]. 管理世界，2005 (9)：70-76

[261] 张志强，徐中民和程国栋. 可持续发展下的生态经济学理论透视 [J]. 中国人口. 资源与环境，2003 (6)：1-7

[262] 赵军，杨凯. 自然资源与环境价值评估：条件估值法及应用原则探讨 [J]. 自然资源学报，2006 (9)：834-843

[263] 赵仑. 北京市公共产品需求分析 [J]. 经济与管理研究，2009 (7)：51-54

[264] 赵卫亚. 我国农村居民恩格尔系数变动规律探析 [J]. 农业经济问题，1999 (6)：24-27

[265] 中国（海南）改革发展研究院农村转型发展研究所. 推进城乡协调发展为农民提供基本而有保障的公共产品 [J]. 中国农村经济，2004 (1)：10-15

[266] 赵宇，姜海臣. 基于农民视角的主要农村公共品供给情况——以山东省 11 个县（市）的 32 个行政村为例 [J]. 中国农村经济，2007 (5)：52-62

[267] 钟德仁，梁俊凤和王茜等. 制度变迁中财政支农资金低效锁定研究 [J]. 财经论丛，2012 (7)：27-33

[268] 周黎安. 中国地方官员的晋升锦标赛模式研究 [J]. 经济研究，2007 (7)：36-50

[269] 周连第，陈俊红和毛世平等. 农村公共产品政府投资优化配置 [M]. 北京：中国经济出版社，2007：1-201

[270] 周绍东. 公共声品超额供结：特征、根滤及其治理 [J]. 财政研究，2015 (9)：92-96

[271] 周庆元. 农村公共物品需求表达机制的构建 [J]. 开发研究，2011 (1)：90-93

[272] 朱定胜. 高级微观经济学 [M]. 武汉：武汉大学出版社，2000：56

附　录

附录1：第五章农户态度等心理因素变量因子分析过程

在对农户态度、结果判断、主观规范、信息认知等变量做因子分析时，应按照以下几个步骤进行：首先是对各变量项目做相关性分析；其次是对各变量项目相关性做 KMO 测度和 Bartlett 检验；在此基础上，如各变量项目经检验可以用来做因子分析，则采用主成分分析法对各变量项目做因子分析，计算公共因子特征值、贡献率、累积贡献率。同时根据 Kaiser 提出的因子特征根大于1的标准计算因子负载，确定抽取的因子变量。各变量具体的因子分析过程如下表所示。

1. 关于农户态度的因子分析过程

附表1-1　农户态度变量项目相关性统计描述

变量	X_1	X_2	X_3
X_1	1.000		
X_2	0.368**	1.000	
X_3	0.345**	0.847**	1.000

注："**"表示0.01显著性水平。

附表 1-2　KMO 测度和 Bartlett 检验结果

Kaiser – Meyer – Olkin 检验		0.598
Bartlett 球体检验	Approx. Chi – Square	427.86
	自由度	3
	显著水平	0.000

附表 1-3　总方差说明

因子	原始数据特征根的值			提取因子负载平方和		
	特征值	贡献率（%）	累计贡献率（%）	特征值	贡献率（%）	累计贡献率（%）
1	2.082	75.394	75.394	2.082	75.394	75.394
2	0.766	21.533	96.927			
3	0.152	3.073	100.000			

提取因子方法：主成分分析方法。

附表 1-4　因子载荷矩阵

变 量 项 目	因子载荷
	F_1
我认为我村环境卫生污染问题比较严重，这与我村缺少生活污水处理设施建设有关	0.609
拥有一个良好的居住环境对我来说很重要	0.929
与其他种类公共产品相比，目前我更希望获得生活污水处理设施	0.921

提取方法：主成分分析方法。

2. 农户结果判断的因子分析过程

附表 1-5　农户结果判断变量项目相关性统计描述

变量	X_4	X_5	X_6	X_7
X_4	1.000			
X_5	0.562**	1.000		
X_6	0.459**	0.494**	1.000	
X_7	0.762**	0.472**	0.440**	1.000

注："**"表示 0.01 显著性水平。

附表 1 - 6　**KMO 测度和 Bartlett 检验结果**

Kaiser-Meyer-Olkin 检验		0.730
Bartlett 球体检验	Approx. Chi - Square	489.021
	自由度	3
	显著水平	0.000

附表 1 - 7　**总方差说明**

因子	原始数据特征根的值			因子旋转负载平方和		
	特征值	贡献率（%）	累计贡献率（%）	特征值	贡献率（%）	累计贡献率（%）
1	2.606	65.138	65.138	1.923	48.076	48.076
2	0.667	16.674	81.812	1.349	33.736	81.812
3	0.500	12.490	94.302			
4	0.228	5.698	100.000			

提取因子方法：主成分分析方法。

附表 1 - 8　**旋转后的因子载荷矩阵**

变量项目	因子载荷	
	F_2	F_3
生活污水治理有助于保护我村生态环境与资源（如水资源等）	0.898	0.262
生活污水治理可以让我家和重要亲戚朋友获得更高的收入	0.460	0.686
生活污水治理有助于促进我村经济的发展	0.245	0.884
生活污水治理有助于提高我村村民生活品质	0.919	0.173

提取因子方法：主成分分析方法。

旋转方法：四次方最大旋转。

3. 农户主观规范的因子分析过程

附表 1 - 9　**变量项目相关性统计描述**

变量	X_8	X_9	X_{10}	X_{11}
X_8	1.000			
X_9	0.337**	1.000		
X_{10}	0.245**	0.445**	1.000	
X_{11}	0.196**	0.355**	0.783**	1.000

注："**"表示 0.01 显著性水平。

附表 1－10　KMO 测度和 Bartlett 检验结果

Kaiser-Meyer-Olkin 检验		0.623
Bartlett 球体检验	Approx. Chi－Square	393.099
	自由度	6
	显著水平	0.000

附表 1－11　总方差说明

因子	原始数据特征根的值			因子旋转负载平方和		
	特征值	贡献率（%）	累计贡献率（%）	特征值	贡献率（%）	累计贡献率（%）
1	2.234	55.844	55.844	1.937	48.430	48.430
2	0.940	23.509	79.353	1.237	30.922	79.353
3	0.616	15.391	94.744			
4	0.210	5.256	100.000			

提取因子方法：主成分分析方法。

附表 1－12　旋转后的因子载荷矩阵

变量项目	因子载荷	
	F_4	F_5
家人和亲戚朋友认为生活污水处理设施对其很重要	0.073	0.913
村里人认为生活污水处理设施对其很重要	0.461	0.614
政府认为生活污水处理设施对村庄及其村民很重要	0.924	0.156
村委会认为生活污水处理设施对本村及村民很重要	0.930	0.054

提取因子方法：主成分分析方法。

旋转方法：四次方最大旋转。

4. 农户信息认知的因子分析过程

附表 1－13　变量项目相关性统计描述

变量	X_{12}	X_{13}	X_{14}
X_{12}	1.000		
X_{13}	0.477**	1.000	
X_{14}	0.479**	0.778**	1.000

注："**"表示 0.01 显著性水平。

附表 1 – 14   KMO 测度和 Bartlett 检验结果

Kaiser-Meyer-Olkin 检验		0.646
Bartlett 球体检验	Approx. Chi – Square	370.486
	自由度	3
	显著水平	0.000

附表 1 – 15   总方差说明

因子	原始数据特征根的值			提取因子负载平方和		
	特征值	贡献率（%）	累计贡献率（%）	特征值	贡献率（%）	累计贡献率（%）
1	2.169	72.293	72.293	2.169	72.293	72.293
2	0.609	20.302	92.595			
3	0.222	7.405	100.000			

提取因子方法：主成分分析方法。

附表 1 – 16   旋转后的因子载荷矩阵表

变 量 项 目	因子载荷
	F₁
我有能力为生活污水处理设施建设承担每户均摊的劳力	0.823
我有能力为生活污水处理设施建设承担每户均摊的费用	0.916
我有能力为生活污水处理设施建设付出更多资本（或劳动）	0.703

提取因子方法：主成分分析方法。

旋转方法：四次方最大旋转

附录 2：第七章的模型处理结果

附表 2 – 1   农村居民生活消费构成 VAR（2）模型估计结果

	fcr	equip	health	trans	edu
fcr（-1）	-0.2258	0.0357	0.2253	-0.0015	0.1853
	-0.6671	-0.1828	-0.2610	-0.3007	-0.2210
	(-0.3384)	-0.1953	-0.8630	(-0.0049)	-0.8382

	fcr	equip	health	trans	edu
fcr（−2）	− 0. 3458 − 0. 7089 （− 0. 4879）	0. 0045 − 0. 1943 − 0. 0231	0. 1564 − 0. 2774 − 0. 5639	0. 1671 − 0. 3195 − 0. 5230	− 0. 0842 − 0. 2349 （− 0. 3586）
equip（−1）	1. 8855 − 1. 6623 − 1. 1343	− 0. 0724 − 0. 4555 （− 0. 1589）	− 0. 2098 − 0. 6504 （− 0. 3225）	− 0. 71854 − 0. 74918 （− 0. 9591）	− 1. 2015 − 0. 5508 （− 2. 1815）
equip（−2）	− 0. 3976 − 1. 1444 （− 0. 3474）	0. 5284 − 0. 3136 − 1. 6850	− 0. 1616 − 0. 4478 （− 0. 3607）	− 0. 1191 − 0. 5158 （− 0. 2310）	− 0. 4340 − 0. 3792 （− 1. 1445）
health（−1）	− 3. 0636 − 1. 5091 （− 2. 0301）	0. 3856 − 0. 4135 − 0. 9327	1. 2354 − 0. 5904 − 2. 0924	0. 1463 − 0. 6801 − 0. 2150	0. 9427 − 0. 5000 − 1. 8854
health（−2）	0. 5022 − 1. 3327 − 0. 3768	− 0. 3452 − 0. 3652 （− 0. 9452）	− 0. 2000 − 0. 52142 （− 0. 3836）	0. 4522 − 0. 60063 − 0. 7529	− 0. 2545 − 0. 44156 （− 0. 5764）
trans（−1）	3. 7570 − 1. 4683 − 2. 5587	− 0. 5829 − 0. 4024 （− 1. 4487）	− 0. 4544 − 0. 5745 （− 0. 7909）	− 0. 1775 − 0. 6617 （− 0. 2683）	− 2. 3055 − 0. 4865 （− 4. 7391）
trans（−2）	− 3. 9496 − 1. 4762 （− 2. 6755）	0. 7493 − 0. 4045 − 1. 8522	0. 6807 − 0. 5776 − 1. 17865	0. 9513 − 0. 6653 − 1. 4299	1. 6839 − 0. 4891 − 3. 4427
edu（−1）	− 2. 2834 − 0. 8017 （− 2. 8481）	0. 1423 − 0. 2197 − 0. 6478	0. 3528 − 0. 3137 − 1. 1246	0. 5258 − 0. 3613 − 1. 4552	1. 5435 − 0. 2656 − 5. 8105
edu（−2）	− 0. 5022 − 0. 9778 （− 0. 5136）	− 0. 3073 − 0. 2679 （− 1. 1470）	0. 4134 − 0. 3826 − 1. 0806	− 0. 0500 − 0. 4407 （− 0. 1135）	− 0. 1957 − 0. 3240 （− 0. 6042）

续表

	fcr	equip	health	trans	edu
c	145. 2171	0. 4101	− 34. 4188	− 13. 3123	− 1. 6112
	− 68. 4266	− 18. 7512	− 26. 7721	− 30. 8389	− 22. 6716
	− 2. 1222	− 0. 0219	(− 1. 2856)	(− 0. 4317)	(− 0. 0711)
R − squared	0. 9953	0. 9631	0. 9862	0. 9968	0. 9947
Adj. R − squared	0. 9860	0. 8894	0. 9586	0. 9903	0. 9841
Sum sq. resids	2. 2247	0. 1671	0. 3406	0. 4519	0. 2442
S. E. equation	0. 6670	0. 1828	0. 2610	0. 3006	0. 2210
F − statistic	106. 8435	13. 0565	35. 7441	154. 4582	93. 5921
Log likelihood	− 6. 9194	13. 7926	8. 0949	5. 8323	10. 7549
Akaike AIC	2. 2399	− 0. 3491	0. 3631	0. 6460	0. 03064
Schwarz SC	2. 7711	0. 1821	0. 8943	1. 1771	0. 5618
Mean dependent	72. 6406	4. 8819	4. 8838	5. 6038	9. 7944
S. D. dependent	5. 6428	0. 5495	1. 2829	3. 0556	1. 7504
Determinant Residual Covariance	6. 47E − 11				
Log Likelihood	74. 1752				
Akaike Information Criteria	− 2. 3969				
Schwarz Criteria	0. 2589				

数据来源：根据模型估计结果。

图书在版编目（CIP）数据

异质性视角下农户公共产品需求研究：以福建为例 /
刘小锋著 . -- 北京：社会科学文献出版社，2017. 2
（2019. 6 重印）
（海西求是文库）
ISBN 978 - 7 - 5201 - 0188 - 2

Ⅰ . ①异… Ⅱ . ①刘… Ⅲ . ①农户 - 公共物品 - 产品
需求 - 研究 - 福建 Ⅳ . ①F299. 241

中国版本图书馆 CIP 数据核字（2017）第 000813 号

·海西求是文库·

异质性视角下农户公共产品需求研究
—— 以福建为例

著　　者 / 刘小锋

出 版 人 / 谢寿光
项目统筹 / 王　绯
责任编辑 / 单远举

出　　版 / 社会科学文献出版社·社会政法分社（010）59367156
　　　　　　地址：北京市北三环中路甲 29 号院华龙大厦　邮编：100029
　　　　　　网址：www. ssap. com. cn
发　　行 / 市场营销中心（010）59367081　59367083
印　　装 / 三河市龙林印务有限公司

规　　格 / 开　本：787mm × 1092mm　1/16
　　　　　　印　张：13. 75　字　数：221 千字
版　　次 / 2017 年 2 月第 1 版　2019 年 6 月第 3 次印刷
书　　号 / ISBN 978 - 7 - 5201 - 0188 - 2
定　　价 / 58. 00 元